とある会社の
経理さんが教える

楽しくわかる！
簿記入門

Higashiyama Yutaka
東山 穰

日本実業出版社

> はじめに

「どうしてこんなに難しいんだ？」

　私がはじめて簿記の本を読んだときの第一印象です。
　簿記のテキストを読んでいると、見たことも聞いたこともない単語が次から次に出てきて、わけのわからないしくみを覚えろと言ってくる。
　頭の中は「？？？？？」だらけです。

　はじめて学ぶことは、たいていとっつきにくいものですが、簿記のとっつきにくさは特にヒドい。そう感じた覚えがあります。
　「簿記は難しい」。これは日商簿記１級に合格して、経理職として日々簿記の知識を活用している現在でも感じていることです。とても「簡単だ」とは言えません。かなり複雑で奥が深い分野です。
　それと同時に**簿記が実生活にも活用できる有益な技術**だということも、実感しています。ですから、多くの方に簿記を知ってもらいたいという気持ちがあります。
　そこで私は、２つの問題に直面しました。

１）簿記は難しい（覚えることが多い、理解しにくいしくみがある）
２）簿記の知識は社会生活で役立つので知ってもらいたい

　どうすればこの２つが共存できるでしょう？
　そこでちょっと思い出してみてください。学校の授業。話の面白い先生っていませんでしたか？
　大して好きでもない教科だったのに、その先生の話を聞いていたら不思議と楽しみながら勉強できた。そんな経験はありませんか？

あれは、なぜ楽しみながら勉強できたのでしょうか。話の間の取り方や、冗談を交える手法も理由の１つでしょうが、やはり学習内容を**トコトンわかりやすく**してくれたからではないでしょうか。理解できるから面白くなる。すると知識欲を刺激される。さらに勉強の意欲がわく、という好循環が形成された結果、勉強が楽しく感じられたのだと思います。

　本書の目的はそんな「話の面白い先生」の役割を担うことです。難しい簿記を楽しみながら理解できる助けになる。これを目指しました。

　ところで、私は**漫画こそが最強の学習ツール**だと考えています。文章に比べ情報量は少ないですが、興味をひきつける力やわかりやすさは絵のほうが格段に高いからです。特に入門書には最適でしょう。

　そんな理由から、本書は漫画と文章による補足説明で構成されます。

　本文では以下の登場人物が主になって話が進行します。

　パンダさん、インコくん、そしてトラさんの会話には、簿記のポイントが満載です。簿記の基本を楽しく学びながら読み進めていただけたら幸いです。

とある会社の経理さんが教える
楽しくわかる！ 簿記入門　もくじ

はじめに ………………………………………………………………… 1

1章　会計と簿記の基本を知ろう

- 01　会計って何もの？ …………………………………………… 8
  - 「会計」は簿記の親分！ ……………………………………… 11
- 02　会計の具体的な流れ ………………………………………… 12
  - まずは会計の流れをつかもう ………………………………… 15
- 03　会計は万能ではない？ ……………………………………… 16
  - 会計で表現できるもの・できないもの ……………………… 19
- 04　「簿記」って何もの？ ……………………………………… 22
  - 「簿記」は会計の記録係 ……………………………………… 23
- 05　簿記を勉強していいことあるの？ ………………………… 24
  - 簿記はみんなの役に立つ ……………………………………… 25
- 06　家計簿と会社の帳簿はちょっと違う？ …………………… 26
  - 簿記には「単式簿記」と「複式簿記」がある ……………… 29
- 07　複式簿記の利点は何？ ……………………………………… 30
  - 複式簿記だからできること …………………………………… 33
  - コラム❶ ………………………………………………………… 34

2章　簿記の1年間の流れをつかもう

- 01　簿記の具体的な流れ ………………………………………… 38
  - 簿記の基本と流れを押さえよう ……………………………… 40

02	仕訳とは？	42
	仕訳のルールを覚えよう	49
03	会計の用語	50
	繰り返せば覚えられる！	52
04	5つのグループ	54
	簿記の最重要ポイント！ 5つのグループ図を覚えよう	59
05	元帳って何？	60
	元帳はキレイにまとまっている帳簿	63
06	帳簿の種類	64
	主要簿と補助簿の役割	65
07	資産・負債・純資産とは？	66
	資産・負債・純資産を具体例から考えよう	70
08	収益・費用とは？	72
	押さえておきたい「収益」と「費用」の話	76
コラム ❷		78
5つのグループとそこに属する勘定科目の例		80

3章 八百屋さんの商売から仕訳を学ぼう

00	3章の概要	82
01	商品売買①	86
	■商品を現金で仕入れて売る（分記法編）	89
02	商品売買②	90
	■商品を現金で仕入れて売る（三分法編）	97
03	現金・当座預金	98
	■いろいろな「通貨代用証券」	99
04	掛取引	100
	■後払いのメリット	105
05	手形取引	106
	■手形取引の流れをつかもう	112

- **06 貸倒引当金** 114
  - ■損失は予想の段階で計上する 117
- **07 前渡金・前受金** 118
  - ■解説は…… 119
- **08 値引・返品・割戻** 120
  - ■「値引」と「割引」は違います！ 121
- **09 未払金・未収金** 122
  - ■本業以外の後払い 123
- **10 仮払金・仮受金** 124
  - ■取引がはっきりしない「仮払金」と「仮受金」 125
- **11 付随費用** 126
  - ■運送費や取付費用は「付随費用」になる 127
- **12 有形固定資産** 128
  - ■企業の成績を正しく表すために 133
- **13 減価償却** 134
  - ■「定額法」と「定率法」は何が違うの？ 137
- **14 無形固定資産** 140
  - ■形がなくても立派な資産 141
- **15 有価証券** 142
  - ■利益を得るための有価証券 143
- **16 借入金・貸付金** 144
  - ■お金を借りたとき・返したとき 145
- **コラム❸** 146
- ちょっとひと休み♪ 148

4章 1年間のまとめ！ 決算書をつくろう

- **01 会社の成績表をつくる** 150
  - 決算書作成の流れ 152
- **02 試算表とは？** 154
  - 残高試算表作成の流れ 155

03 決算整理とは？ ……………………………… 156
決算整理で必要な仕訳 ……………………………… 157

決算整理 ❶商品在庫 ……………………………… 158

決算整理 ❷減価償却 ……………………………… 162
■減価償却にはいろいろな計算方法がある ……………………………… 163

決算整理 ❸貸倒引当金 ……………………………… 164

決算整理 ❹有価証券 ……………………………… 166
■有価証券の評価替えの2つの方法 ……………………………… 167

決算整理 ❺収益・費用の見越・繰延 ……………………………… 168
■特殊な勘定「経過勘定」って何？ ……………………………… 173

04 決算振替と帳簿の締め切り ……………………………… 174
決算振替の流れ ……………………………… 178

05 損益計算書をつくろう ……………………………… 180
損益計算書で会社の本当の力が見える ……………………………… 183

06 貸借対照表をつくろう ……………………………… 184
貸借対照表で会社の経営が見える ……………………………… 187

コラム ❹ ……………………………… 188

5章 会社の成績表を読んでみよう

01 決算書を読む ……………………………… 192
決算書から会社の実力を読み取ろう ……………………………… 193

02 キャッシュフロー計算書とは何ぞや？ ……………………………… 194
キャッシュフロー計算書で現金の流れをつかむ ……………………………… 197

03 決算書は単独では見るな？ ……………………………… 198
複数の決算書を一緒に見て歪みを見抜こう ……………………………… 201

04 決算書の指標 ……………………………… 202
ポイントを押さえながら決算書を見比べてみよう ……………………………… 205

おわりに ……………………………… 206

カバーデザイン／モウリマサト
本文デザイン・DTP／ムーブ（新田由起子、川野有佐）

1章
会計と簿記の基本を知ろう

01 会計って何もの？

まずは簿記の親分「会計」の話です

本書で取り扱うのは会計と簿記です

メインは**簿記**です

会計というのは簡単に言うとお金のやり取りを記録してそれを知りたい人に**報告**することです。

お金のやり取り ➡ 測定記録 ➡ 報告

会計と言えば「ビジネス言語」と言われるほどに重要でみんなが知りたい情報を提供してくれます

ビジネス言語

・・・いや、みんなって

僕は別に大して知りたくないけど

会計ってそんなに大事？

いまいちピンとこないけど

・・・・・・ 例えばインコ君が地域の将棋クラブに参加しているとします

 ？

会員は会費として毎月500円を出していますがこのクラブは会費の使い道を明らかにしていません。

会費 ➡
会費 ➡ 将棋クラブ ➡ 何に使ってる？

みんなから集めた会費は備品やお茶代に使われているようですが、お金を預かっている人が自分の飲み食いにも使っているという噂があります

どう思う？

ふてぇ野郎だ！

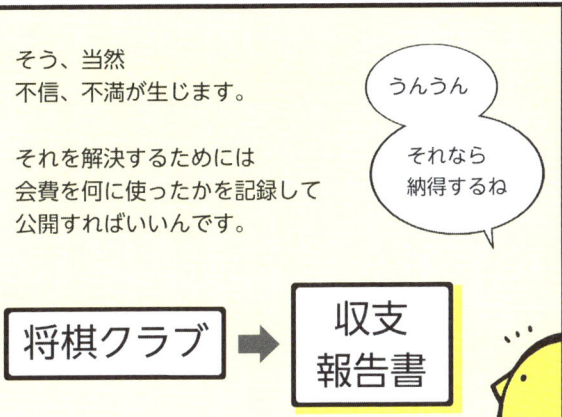

会計に興味がない
というのはそれが
自分に関係が薄い
と感じているからです。

国家予算

国家予算に興味を持てない人は
規模が大きすぎたり、
政治が絡んでいて
自分との距離が遠いと
感じてしまうからでしょう。

先ほどの将棋クラブの
会計係を例に
挙げてみましょう。

みんなから会費を預かった
会計係は備品を購入したり
月に一度のお茶会のための
お菓子を買ったりするために
お金の管理をしなければ
なりません。

会計係

資金不足が起きないように
月々の収入と支出の予算を
立てるのですが、

このお金のやりくりの指針と
なってくれるのが
会計情報なのです。

最近の傾向は
こんな感じか

このように元のデータが同じでも
立場の異なる人に対して
見せ方を変えて情報提供する。

これが会計なんです。

お金を
預ける人
情報

お金を
管理する人
情報

会計

会計は意外と
私たちの身近にあります

その活躍ぶりを
もう少し詳しく
見ていきましょう

軽〜く
読み進めて
ください

「会計」は簿記の親分！

「**会計**」というと「専門用語や数字とかで難しそうだな〜」というイメージがあるかもしれません。
　その通りです。
　会計ははっきり言って難しいです。
　ですが現代社会において、不可欠な存在となっています。
　町の八百屋さんも、一部上場の大企業も国家も会計を利用しています。

難しいのに、なぜみんなが使っているのでしょう？

答えは簡単。**役立つからです。**
とても、非常に、とんでもなく役に立つから使われています。

ではどう役立つのか？

　会計をすごく簡単に表現するなら、
<mark>「お金に関するできごとを記録して、それをまとめたものを報告する」</mark>
という行為を指します。

　この報告された情報がさまざまな人たちの意思決定（どのような選択をするか）の根拠になります。

「今月は出費が多かったなぁ。何でだろう？」
「あの会社にお金を貸して、将来返してくれるかな？」
「あの会社に出資をして、満足いく利益が得られるだろうか？」

　立場によって、人の思惑は異なります。
　会計は、それぞれの要望に応じた形に姿を変えて、情報を提供します。

02 会計の具体的な流れ

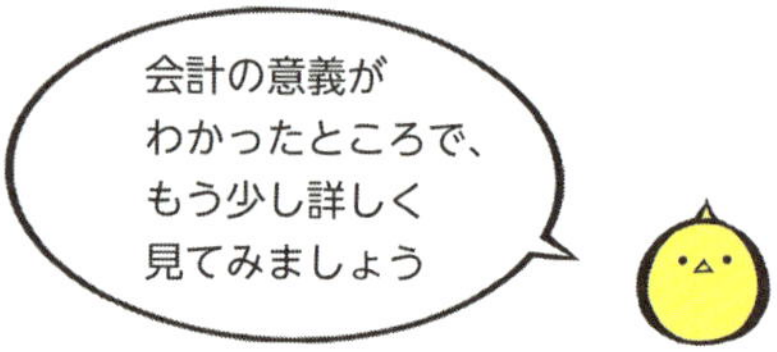

> 会計の意義がわかったところで、もう少し詳しく見てみましょう

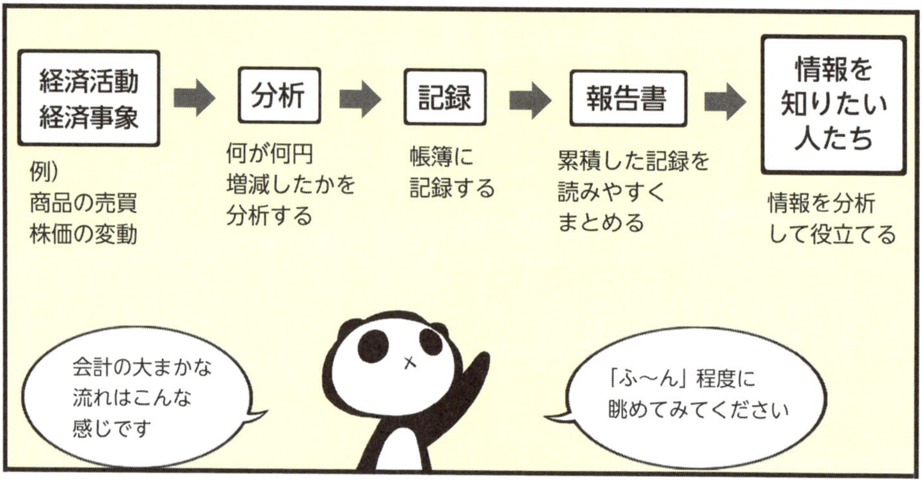

```
経済活動        → 分析        → 記録    → 報告書      → 情報を
経済事象                                                知りたい
                                                       人たち
例)            何が何円      帳簿に     累積した記録を
商品の売買      増減したかを  記録する   読みやすく     情報を分析
株価の変動      分析する                 まとめる       して役立てる
```

> 会計の大まかな流れはこんな感じです

> 「ふ〜ん」程度に眺めてみてください

会計には**「会計学」**という学問があります。

学問とは、その学ぶ対象が私たちの社会に貢献するから研究されるのです。

役立つよ〜

会計

文化面や経済面、生活の利便性向上などがそうですね。

ですから**人の役に立つ**ことに会計の存在意義があります。

信頼

会計

> 会計は言わずもがな経済面で役立ちます

> じゃあ具体的に何に役立つんだ？と言えば、

> 先ほどの会費のようにお金を出してくれる人に**信頼**してもらうことができます

> これはとても大事なことです

> そりゃ信頼は大事だね

1章 会計と簿記の基本を知ろう

とてもとても大事なんです

お、おう

現代において
多くの会社が他者からお金を
出してもらい、そのお金で
商売をしています。

そうやって
経済が回っています。

投資家　銀行
お金↓　　↓お金

会社

商売

もし、お金を出して
もらえなくなれば
その会社の存続が
危うくなって
しまいます。

もう成り立たない
わけです。

そこで
お金を出してもらうために
信頼を得ようとします。

その手段が**会計**による
情報提供です。

正確な情報を元に
読み手が理解しやすい
形にまとめて報告する。

これが会計の
主要な目的と
考えていいでしょう。

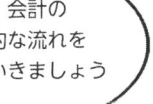

では、会計の
具体的な流れを
見ていきましょう

まずはじめに
「ものを買った」とか
「所有する株式が
値下がった」など、

自分に関係する
経済活動・経済事象が
会計の対象になります。

ものを買う

株式が
値上がる

次に「何が何円増減したか」を分析します

会計の大原則の1つに「会計は貨幣額で計算する」というものがあります

つまり「円で計算しなさいよ」ということです

会社が扱う物品はさまざまで、計測単位に個、g、ℓなどが用いられます

しかし、これら異なる単位間で経済的価値の合計額を計算することはできません

そこで用いられるのが**貨幣額**です

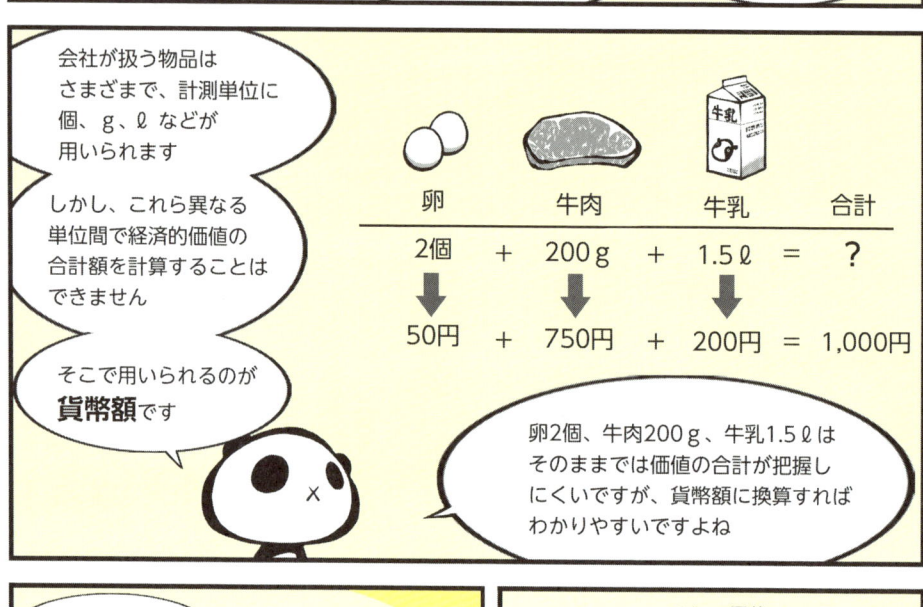

卵2個、牛肉200g、牛乳1.5ℓはそのままでは価値の合計が把握しにくいですが、貨幣額に換算すればわかりやすいですよね

次に記録です

「分析」によって「何が何円増減したか」が判明したのでこれを紙やデータに記録します

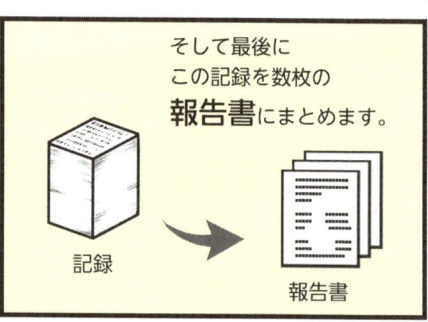

そして最後にこの記録を数枚の**報告書**にまとめます。

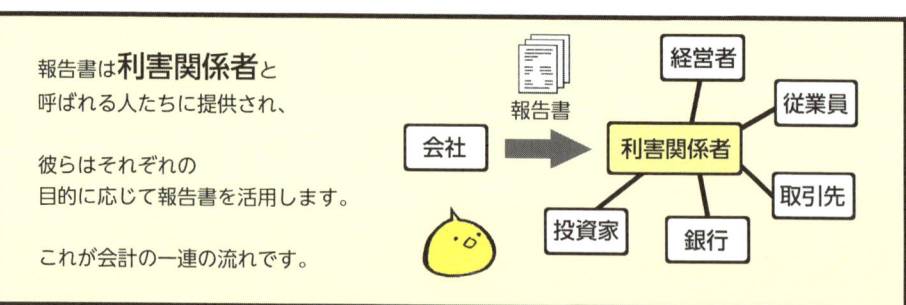

報告書は**利害関係者**と呼ばれる人たちに提供され、

彼らはそれぞれの目的に応じて報告書を活用します。

これが会計の一連の流れです。

# まずは会計の流れをつかもう

　経済活動（何かを買った）や経済事象（原油の値上がり）等によって自分に関係する経済価値が変化するとき、これを記録しなければなりません。このような記録すべき事柄を「**取引**」と呼びます。
　会計上の「取引」は日常で使われる「取引」という言葉とは少し意味が異なります。会計上の「取引」は自分が所有する経済価値（現金や建物、借金等）や損益（儲け等）に影響を及ぼすものを指します。なので「盗難」や「災害による損壊」なども「取引」に該当します。

　取引があると、会計の出番です。その取引によって「何が何円増減したのか」を**分析**します。「何円」という単位で測る点がポイントです。

　例えば「りんご1個を現金100円で購入した」という取引では、
「何が（**りんごが**）何円（**100円**）増減したか（**増加した**）」
「何が（**現金が**）何円（**100円**）増減したか（**減少した**）」
という分析がされます。

　次に、これを決まった書き方で帳簿（紙の束をイメージすればよいです）に**記録**していきます。この記録方法が少々特殊で、簿記の勉強のキモはこの部分かもしれません。すべての取引を事実や証拠に基づいて記録し、すべてを網羅した検証可能で秩序立った帳簿を作成します。

　そして区切りのよい時期（四半期や1年間）に、日々の記録から会社の成績を評価する**報告書**を作成し、ほしい人たちへ提供します。
　なぜ報告書がほしい人がいるのかというと、その会社の経済活動が彼らの利害に関わっているからです。このような人たちを「**利害関係者**」と呼びます。「利害関係者」は投資家、銀行、商売の取引先、経営者、従業員、政府機関、地域社会とかなり広範囲に渡ります。

03 会計は万能ではない？

すべての経済活動を網羅してるなんて会計はスゴい！

会社の実情を映す鏡って感じだね

なに？

いや〜
会計(報告書)が会社の実情を映し出す鏡というのは

ちょっと違うかな〜って思っただけ

違うの？

ん〜
鏡というより絵画かな？

え!?

経済活動・事象から「何が何円増減したか」を分析したり、そこから報告書を作成したりする際、細かい規則に従って行います。ルールがあるんですね。

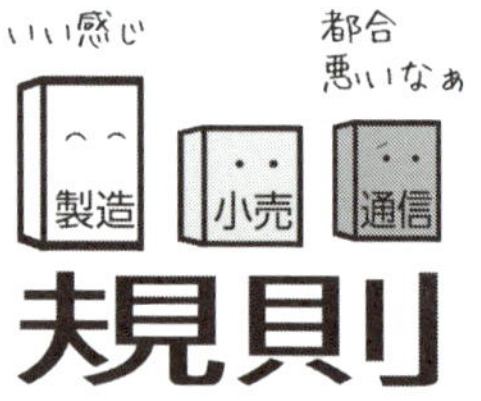

規則

とは言っても、会社の業種は製造業、小売業、通信業など多種に渡り、そのすべてに適切で画一的な規則を設けることはできません。

なので一部の規則には複数の測定方法、複数の報告書の記述方法が用意されていて

各社が自社に適している方法を自由に選べるようになっています

選択性

これは絵の対象物(事実)を、限られた画材(規則)を駆使して、作品(報告書)にするって感じでしょうか

規則　報告書
事実

規則があるとはいえ、自分たちがその範囲内で会社の報告書をつくることができるので、ちょっと見栄え(みば)をよくすることができます。

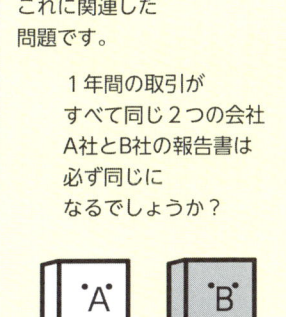

そう、**答えはNO**です。

全く同じ活動をしたとしても
A社とB社で**会計処理の選択**が異なれば
利益の大きさなどは変わってしまうのです。

同じ対象(事実)であっても描き手(会社)が
異なればその作品(報告書)が
異なるのと同じですね。

……

なんかすごく違和感があるんだけど

んー そうだね

それだけ経営者や経理担当者の思惑が反映されてしまうってことですね。

恣意性

だからと言って会社の報告書が信用できないわけじゃないですけどね。

もう1つの弱点として、会計はあくまで**貨幣額に換算**できるものしか表すことができない、ということがあります。

数値化可能 ➡ 会計OK

数値化不能 ➡ 会計NG

例えばダイエットで1年間に20kg減量するとします

80kg

毎日体重を記録して毎月それをまとめます。

これが会社の報告書にあたります。

月	体重	前月比
1	80	0
2	77	-3
3	76	-1

どんな運動を何時間やったか、食事のカロリーはどれくらいだったかということは記録することができます。

ランニング×2時間

食事200kcal

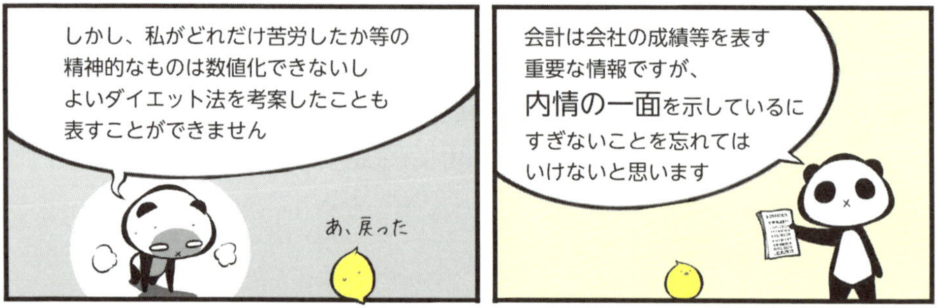

しかし、私がどれだけ苦労したか等の精神的なものは数値化できないしよいダイエット法を考案したことも表すことができません

あ、戻った

会計は会社の成績等を表す重要な情報ですが、**内情の一面を示している**にすぎないことを忘れてはいけないと思います

会計で表現できるもの・できないもの

　会計は役に立つ、と言っておいて何なんですが、会計が会社のすべてを表しているわけではないことに気をつけてください。
　会社はその活動によって変動した経済価値などの記録をしますが、だからと言ってそれが絶対的に正しいわけではありません。不正なく、1円の狂いもなく正確に記録していても、その数字が完全にその会社の実情を表すわけではないのです。

　会計の原則に**「会計は真実を示さなければならない」**（真実性の原則）というものがあります。当たり前な話です。本当のことを書かなければ会計の意味がありません。しかし、この真実というのは「絶対的な真実」ではなく「相対的な真実」を指します。絶対的な真実とは1＋1＝2のように1つだけしか答えがないもの。相対的な真実とは、複数の答えが得られるけれど、どれも真実と呼べるものを指します。会計の規則を遵守していれば、それは真実だと認められるという意味です。というのも、ある経済活動を測定する際、導き出せる答えが必ずしも1つだけではないからです。

　例として、りんごを売買する場合を考えましょう。
　ある日、りんごを1個100円（以下＠100と表記します）で5個仕入れました。次の日に同じ品種のりんごを＠120で5個仕入れました。そして次の日に、このりんごを5個、＠150で販売しました。
　この場合、儲けはいくらになるでしょう？

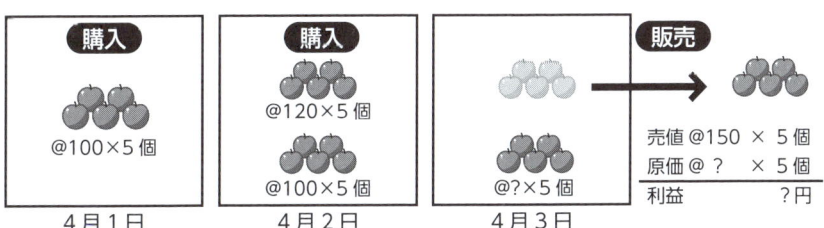

答えは1つだけではありません。

1つは、仕入れたりんご10個の単価を平均化してしまう方法。(@100×5＋@120×5)÷10＝@110。なので儲けは150×5－110×5＝200円。

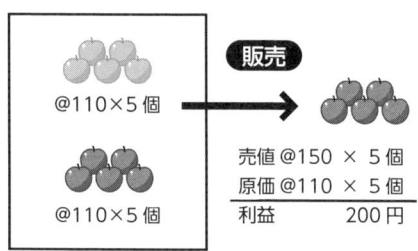

もう1つは、1個1個のりんごの仕入値を区別しておく方法（@100のりんごと@120のりんごを区別しておく）。@100が3個、@120が2個売れたなら儲けは150×5－(100×3＋120×2)＝210円。

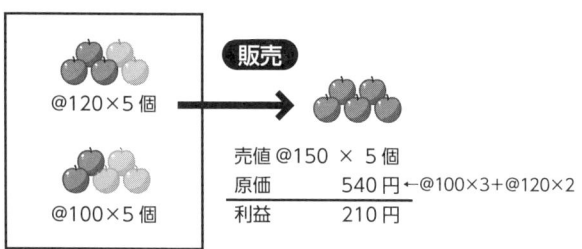

さらに、はじめに仕入れたのが@100だったので、優先的に@100のりんごが売れたものと見なして（@120のりんごが売れたとしても@100のりんごと見なして）、儲けは150×5－100×5＝250円とする方法。

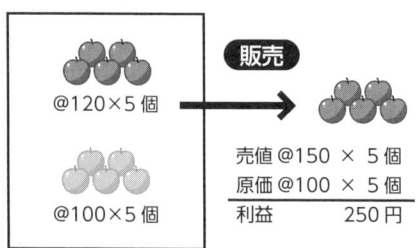

このように、1つの取引であっても儲けや資産価値の計算方法は複数想定され、実際どれを用いてもよいことになっています。こういうことが積もり積もると、全く同じ取引をしている会社同士であっても、その会計情報に少なからず差異が生じるのです。

　こういった選択性を利用して、報告書の見栄えをよくすることは日常的に行われています。

　投資家に対しては、利益を多く見せるため、なるべく費用が少なくなるように。税務署に対しては、税金の支払額を小さくするため、儲けが小さくなるように。経営者や会計担当者が、**自分たちに都合のよい方法を選びます。**とは言っても、あくまで正当な範囲の中に限ります。

　もしも会計の規則に反し、ありもしない取引を捏造して利益が多いように見せかけると、これは「粉飾決算」と呼ばれ、社会的制裁を受けることになります。たまにメディアをにぎわす事件が起こっていますが、絶対にやってはいけないことです。

　話は変わりますが、基本的に**会計は数字でなければ表現できません。**ですから、お金の動きはすべて把握していますが、会社を構成する他の重要な要素に関しては示すことができません。

　「社員に企業理念が浸透している」とか「優秀な人材がいる」などの数字に換算できないものは、会計では表現できません。会社の本当の実力を測るためには、こういった会計以外の情報を考慮する必要があります。しかし、会計以外の要素は客観的評価がしにくいため、やはり会計に頼りがちになるのかもしれません……。

1章の3のポイント！

- 会計の原則の1つに「真実性の原則」というものがある
- 1つの取引に対して記録すべき内容が複数パターンあり、その結果、同じ取引であっても資産価値、利益に差異が生じることがある
- 報告書は会社側の都合で見栄えよくされている場合がある
- 会計はお金の動きの把握は得意だが、数字で表せないものは苦手

04 「簿記」って何もの？

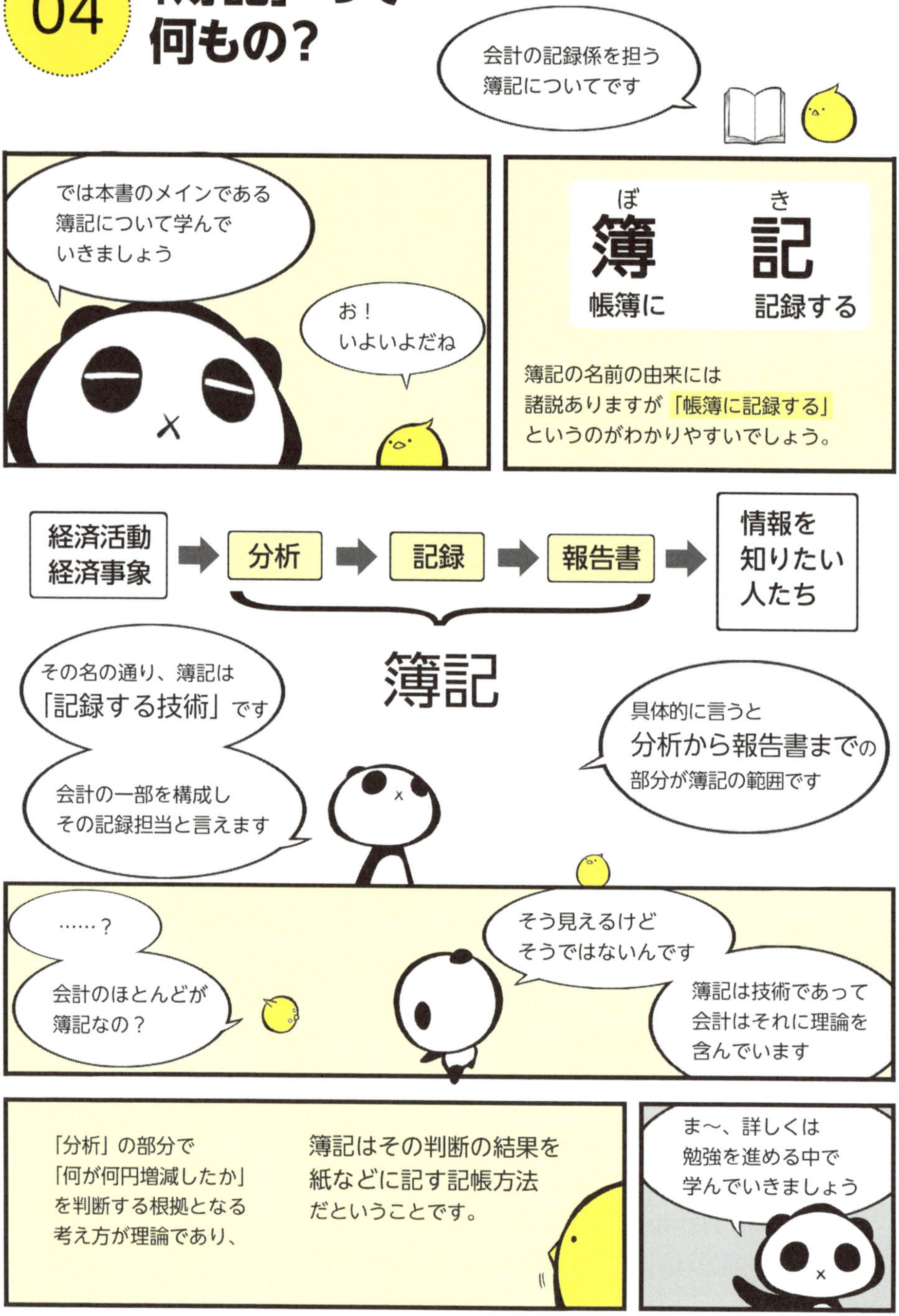

会計の記録係を担う簿記についてです

では本書のメインである簿記について学んでいきましょう

お！いよいよだね

簿記（ぼき）
帳簿に　記録する

簿記の名前の由来には諸説ありますが「帳簿に記録する」というのがわかりやすいでしょう。

経済活動・経済事象 → 分析 → 記録 → 報告書 → 情報を知りたい人たち

簿記

その名の通り、簿記は「記録する技術」です

具体的に言うと分析から報告書までの部分が簿記の範囲です

会計の一部を構成しその記録担当と言えます

……？
会計のほとんどが簿記なの？

そう見えるけどそうではないんです

簿記は技術であって会計はそれに理論を含んでいます

「分析」の部分で「何が何円増減したか」を判断する根拠となる考え方が理論であり、簿記はその判断の結果を紙などに記す記帳方法だということです。

ま〜、詳しくは勉強を進める中で学んでいきましょう

 # 「簿記」は会計の記録係

「簿記」とは「何が何円増減したか」を記録する「技術」です。
技術というと何だか堅苦しい感じですが、要は書き方です。
私たちに最も身近な簿記と言えば「家計簿」でしょう。

食料品を 2,000 円で買った。　週刊誌を 400 円で買った。
給料 200,000 円を受け取った。　株式の配当 10,000 円を受け取った。

こういった経済活動を家計簿という帳簿に記録する様子を想像してください。いつ、どういう理由で何円増減したかを書いていきます。そして毎月末日に収支と現金の残高を算出します。この一連の流れが簿記なのです。

簿記と会計の範囲についてですが、会計には「理論」が含まれます。
例えば三角形の面積の求め方。
「底辺×高さ÷2」ですが、これはなぜこの公式なのでしょうか？
理由はどんな形の三角形でも、その底辺と高さの四角形の面積の半分に相当するからです。

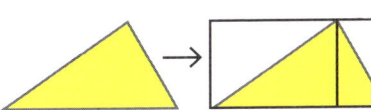

会計はこの「三角形は四角形の半分に相当する」という根拠であり、簿記はそこから得られた「底辺×高さ÷2」という型を使っているに過ぎない、ということです。

また、簿記は報告書をつくるのが目的であって、それを活用するのは簿記ではなく会計の分野です。簿記はあくまで資料作成係なんですね。

● 1章の4のポイント！

- 簿記は会計情報を記録して報告書を作成する技術
- 会計は簿記の理論的背景や報告書の活用などを含む

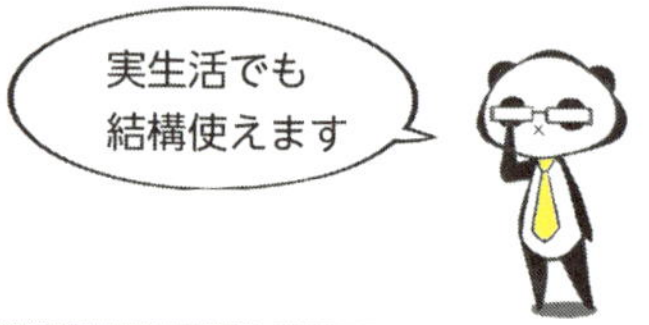

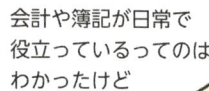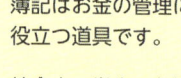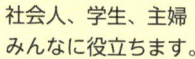

 簿記はみんなの役に立つ

　簿記を勉強すると、ビジネスで扱う数字の意味が今まで以上にわかるようになります。個人事業主にも会社員にも確実に役立ちます。
　とは言え、すべての職種に必要とは言い切れません。
　経営者、管理職、経理、営業、購買など数字に絡む職種は基本を理解しておく必要がありますが、例えば製造の現場の方には、簿記よりもむしろ危険物取扱などの知識のほうが役立つでしょう。

　ところで「簿記の知識が仕事に役立つ」と言われても、あまり勉強をする気は起きないかもしれません。しかし、お任せください！
　本書を手に取られているあなたはきっと向上心が高いのでしょう。もし今より上の役職を目指していたり、仕事の幅を広げたいとお考えであれば、会計・簿記の知識は必ず役に立ちます。これは大きな動機づけになるのではないでしょうか。
　それとは別に、簿記には「簿記検定」という簿記の知識を測る資格試験があります。ある程度のレベルに合格していると、大学の推薦入学や就職活動でプラス要因として働きます（絶対ではありませんが）。これも勉強をする上でのモチベーション維持につながるのではないでしょうか。

　蛇足的に簿記検定の説明を少々。
　簿記検定には大きく分けて2種類あります。
　1つは日商簿記検定（商工会議所主催の簿記検定試験）。
　もう1つは全経簿記検定（全国経理教育協会主催の簿記検定試験）。
　2つありますが、両者の受験者数にはかなりの差があり、日商簿記のほうが圧倒的に多いです。受験者数が多いほうが、それだけ世間一般に通用すると考えられるので、**受験するなら日商簿記を選ぶのが無難**でしょう。
　資格は一定レベルの知識があることの証明になりますし、明確な目標になるのでやる気維持のためにもお勧めします。

06 家計簿と会社の帳簿はちょっと違う?

会社で使われる簿記を「**複式簿記**」、家計簿の形式を「**単式簿記**」と呼んでその書き方が異なるのですがどちらもれっきとした簿記です。

ただ本書では会社の簿記を対象とするので**複式簿記を扱います。**

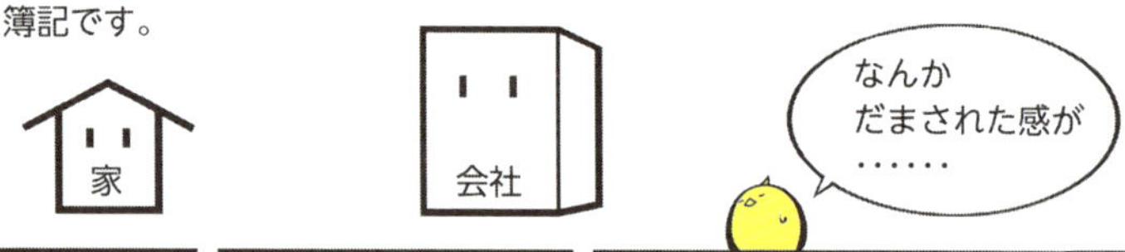

単式と複式というのは名前から連想されるように1つの取引で記録される項目の数が1つだけなのか複数なのかを意味します。

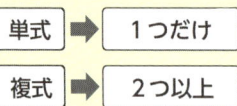

■次の取引を帳簿に記録しましょう

8月15日　携帯電話通話料6,000円を現金で支払った。

①単式簿記の場合（家計簿の形）

日付	摘要	収入	支出
8/15	通信費		6,000

項目は1つ

詳しい説明は後述しますのでなんか違うな〜程度に眺めてください

②複式簿記の場合（会社の帳簿の形）

手順1）仕訳帳に記入する

日付	借方		貸方	
	摘要	金額	摘要	金額
8/15	通信費	6,000	現金	6,000

項目は2つ

手順2）元帳に記入する

通信費			
日付	摘要	借方	貸方
8/15	現金	6,000	

現金			
日付	摘要	借方	貸方
8/15	通信費		6,000

単式簿記では1種類の帳簿、
複式簿記では2種類の帳簿を用います。

簿記には「単式簿記」と「複式簿記」がある

　身近な簿記として家計簿を例に挙げましたが、世間一般的に「簿記」と言えば会社で用いる帳簿形式を指し、これは家計簿とは別物です。家計簿の形式を「**単式簿記**」、会社で扱う形式を「**複式簿記**」と呼びます。

「単式簿記」と「複式簿記」では、扱う帳簿の数が違います。

　あなたが家計簿をつけるとき、普通1冊のノートを使っていると思います。パソコンの家計簿ソフトでも、おそらく帳簿は1種類だけでしょう。

　ですが、会社で扱う帳簿は**必ず2種類**あります。1つを「仕訳帳」、もう1つを「元帳」と呼びます。会社によってはこれらに加え、他にも複数の帳簿を使うことがあります。これらについては後述します。

　「単式簿記」と「複式簿記」の違いは帳簿の数だけでなく、その書き方にも見られます。大雑把に言うと、複式簿記のほうが取引について細かく書きます。書かざるを得ないのです。しかしそのおかげで、表現できることも多いしくみになっています。

　歴史的には、複式簿記は単式簿記の発展系として見ることができます。
　諸説ありますが、複式簿記は13〜14世紀の中世イタリアで生まれ、15世紀で体系的に確立されたと考えられています。
　経済発展に伴って企業活動が拡大し、帳簿に示すべき内容が増加していったのですが、それを単式簿記では表現できなくなったため、必要に迫られ複式簿記が開発されたのではないでしょうか。
　例えば、家計簿では所有する自宅や車の資産評価をしていません。家計簿でそこまで考える必要がない、ということもありますが、そもそも家計簿（単式簿記）に資産評価を表現することはできないのです。
　しかし、会社では資産評価の情報が要求され、複式簿記にはそれが可能です。だから会社では複式簿記が利用されています。

07 複式簿記の利点は何？

使われているのには理由があります

さて、複式簿記の利点を説明する前に単式の話を少ししましょう

単式簿記

家計簿とかだね

単式簿記はもともと扱う項目が少ないことを前提にしています

種類が少ない？

単式簿記 ⇒ 少しだけ

例えば、私たちが買い物をする際、大抵の場合**現金**を使いますよね。

現金 　クレジットカード

クレジットカードも普及していますが、使えないお店もあるので、支払い手段は「現金」の1種類だけと言えるわけです。

だから家計簿には「日付」と「収支の原因」と「金額」さえ書いておけば、どういう活動をして現金の残高がいくらあるのかがすぐにわかります。

「現金で支払った、受け取った」という前提があるからです。

日付	摘要	収入	支出	残高
7/1	食材		2,500	7,500
7/13	衣料品		5,000	2,500
7/25	給与	10,000		12,500

しかし、支出の一部にクレジットカードの支払いが混じっていたらどうでしょう？

クレジットカード払い →

日付	摘要	収入	支出	残高
7/1	食材		2,500	7,500
7/13	衣料品		5,000	2,500
7/25	給与	10,000		12,500

この残高は間違っている

クレジットカードは後払いなのでこの帳簿の5,000円の支出はまだ実際には起こっていません。

つまり、7/25での手持ちの現金は17,500円なので、帳簿と一致しないことになります。

このように家計簿は支払いや受け取りが現金でない場合に破綻してしまうのです。

ところで会社の場合、「現金」以外での支払い、受け取りが数種類あります

なので単式簿記ではおっつかないのです

例として200円のバナナを「現金」と「クレジットカード」で購入した場合の単式簿記と複式簿記の書き方を見てみましょう。

	単式簿記			複式簿記(仕訳帳)	
	摘要	収入	支出	借方	貸方
現金での購入	(バナナ)		200	(バナナ) 200	(現金) 200
クレジットカードでの購入	表現不可能			(バナナ) 200	(クレジットカード) 200

現金での購入しか表すことができないため、クレジットカード払いは表現できないのです。（書くと残高が合わなくなってしまいます）

支払い方法の名称を書くことで、さまざまな対価を表現できます。

少し面倒ですが、複式簿記の書き方をすることでお金に関わる項目の種類が多くてもきちんと記録できるのです。

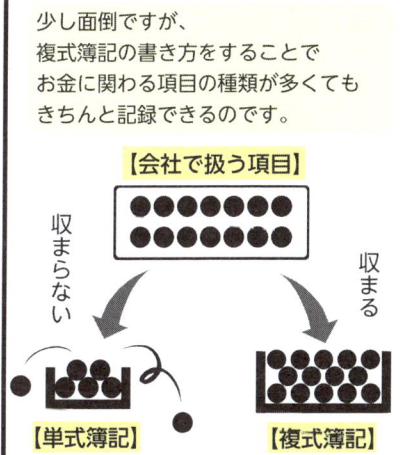

このように、複式簿記は表現できることが多く、単式簿記ではできない、土地や建物といった資産の評価も可能になります。

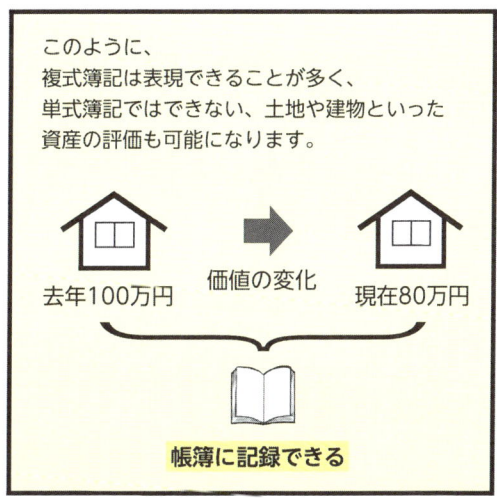

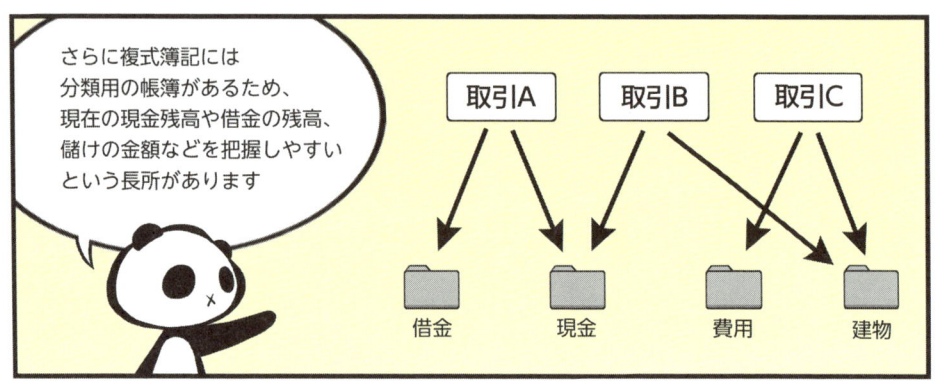

蛇足ですが、以下のように単式簿記と
複式簿記の現金に着目した帳簿を比較してみると、
とても似ていることがわかります。

【単式簿記】

摘要	収入	支出
交通旅費		200
給与	500	

【複式簿記の現金勘定の元帳】

現金

摘要	借方	貸方
交通旅費		200
給与	500	

この現金の記録はあくまで
複式簿記の一部で
借金など他の項目についても
同様の記録が作成されます。

こう考えると複式簿記は単式簿記の
拡張版だと言えますね。

現金以外のものについても
着目できる構造にしたことで
幅広い取引に対応できるように
なったわけです。

複式簿記だからできること

　複式簿記の利点は、単式簿記にはできない現金以外の「もの」の出入りを表現できる点です。家計簿をイメージしていただけるとわかると思いますが、単式簿記は現金のみに着目したしくみです。
「りんごを買って現金を支払った」「給料を現金で受け取った」といった感じに、現金の出入りとその理由しか認識していないのです。
　ですから、
「今、現金はいくらありますか？」という質問には答えられますが、
「普通預金はいくらありますか？」「借金はいくらありますか？」
「所有する車の資産価値はいくらですか？」
　と問われても家計簿（単式簿記）には答えることができません。
　複式簿記ならこんな質問、難なく答えることができます。

　簿記の勉強を進めていくと、徐々に感じることになると思いますが、複式簿記は実によくできたしくみです。1つひとつの要素が緊密につながり合い、最終的に会社の財政状態（財産などの状態）と経営成績（得した損した）を示す報告書が作成されます。ある数字が変動すれば、それに応じて他の数字が変動して常に整合性のある形で維持されます。

　また、複式簿記は日付順で取引がわかる**仕訳帳**（しわけちょう）と、取引されたモノごとにまとめられた**元帳**（もとちょう）という2種類の帳簿を用いることで、取引の発生日順での記録が可能であり、記帳ミスが軽減でき、上記のような現金以外の項目の残高が一目で把握できます（詳しくは2章の5参照）。

　このように優れた点が多い複式簿記ですが、その分扱う情報量が多く、そのしくみもやや複雑です。覚えるべき専門用語もそれなりに多いのが玉に傷でしょうか。しかし、それを上回る利点があるからこそ、現代では広く多くの組織で利用されています。それだけ需要があるということですね。

コラム ①

■会計の大原則

　会計は多くの人が利用する手法です。だからこそルールが必要です。
　みんなの共通認識があるから、会計の数字が意味あるものになります。

　交通ルールも同じですね。公道を利用するみんなが「赤信号は前進してはいけない」「青信号は進んで大丈夫」というルールを理解して実行しているから、事故なくスムーズに移動できているわけです。

　多数の人が利用するものにはルールが必要なのです。
　そして、その重要度が高いほどルールも厳格になります。
　交通ルールは人命に関わる可能性が高いので厳しく定められています。一方、電車の乗り場での順番待ちは暗黙のルールに過ぎません。割り込みをしたところで周りの人に白い目で見られるくらいです（喧嘩に発展することもあるので、お勧めしませんが）。
　その点、会計のルールは重要度が高い部類に属します。多くの人が利用し、かなりの経済的な損得に関わっています。なので、取引ごとにどういう処理（記録の仕方）をすべきか、細かくルールが定められています。

　そういった会計のルールには大原則があります。これがなければ会計が成立しないという理論で、これを**「会計公準」**（かいけいこうじゅん）と呼んでいます。会計公準は3つあり、この3つが会計の世界を支えています。古代インドの世界観に登場する「世界を支える3頭の象」みたいな感じでしょうか（正確には地球、象、亀、蛇の順番で支えているそうなので、ちょっと違いますけれど）。

　簿記の勉強をする上で、会計公準の考え方を知っておくのはよいことです。
　会計公準を少し見てみましょう。

企業実体の公準

　これは「会計単位を明確に区別する」という考え方です。一般的には、法的に独立した企業を1つの会計単位としています。

　これは個人商店（町の八百屋さん等）の話がわかりやすいでしょう。その店の店主が自分のお金で店をはじめたので、その店のお金は店主の自由にできるはずです。だからといって、店主が店のお金を持ち出して個人的な買い物をするのはよろしくないのです。

　個人の会計と店の会計とは、しっかり区別しなければならない、ということです。

継続企業の公準

　これは「企業は永遠に存続する」という考え方です。実際にはそんなことはあり得ないでしょうが、企業はもともと倒産することを前提に経営されることはありません。倒産しない前提なので、会社の成績を評価する場合、会社の発足から倒産までの期間で評価をすることはできません。なので、人為的に期間を区切って評価をすることになります。

　通常は1年間を一区切りとします。

貨幣的測定の公準

　これは「会計の計算は貨幣額を用いて行う」という考えです。すでに説明済みですね。企業が扱う物品の物理的な測定単位はさまざま（kg、ℓ、m、個など）で、これらを用いて経済価値を表現するのは困難なため、共通単位である貨幣価値を用います。

　以上3つの会計公準でした。暗記する必要はありませんが、頭の片隅にでも置いておいてください。

2章
簿記の1年間の流れをつかもう

01 簿記の具体的な流れ

簿記の大体の流れを知りましょう

取引 → 取引の分析 → 記録 → 報告書 → 利害関係者

取引の分析〜報告書が「簿記の範囲」

1章でお話しした通り、簿記は会計の一部で取引内容を帳簿に記録する技術のことです

そして簿記の最終目的は**報告書の作成**です

ですから簿記の学習は取引内容をどのように記録してどうやって報告書を作成するかがキモになります。

取引 → ? → 報告書

では具体的にどうやって取引を記録するのかを見ていきましょう

使う帳簿はこの2つです

仕訳帳（しわけちょう）　元帳（もとちょう）

家計簿は1冊しか使わないですよね

多いね　うん　家　会社

ですが、会社の場合は少なくとも2種類の帳簿を使います

記録の内訳は**仕訳帳⇒元帳**の流れです

取引の分析 → [記録：仕訳帳 → 元帳] → 報告書

＊仕訳帳：取引内容を発生順に記録する帳簿（P42で解説）
　元　帳：仕訳帳の内容を分類する帳簿（P60で解説）

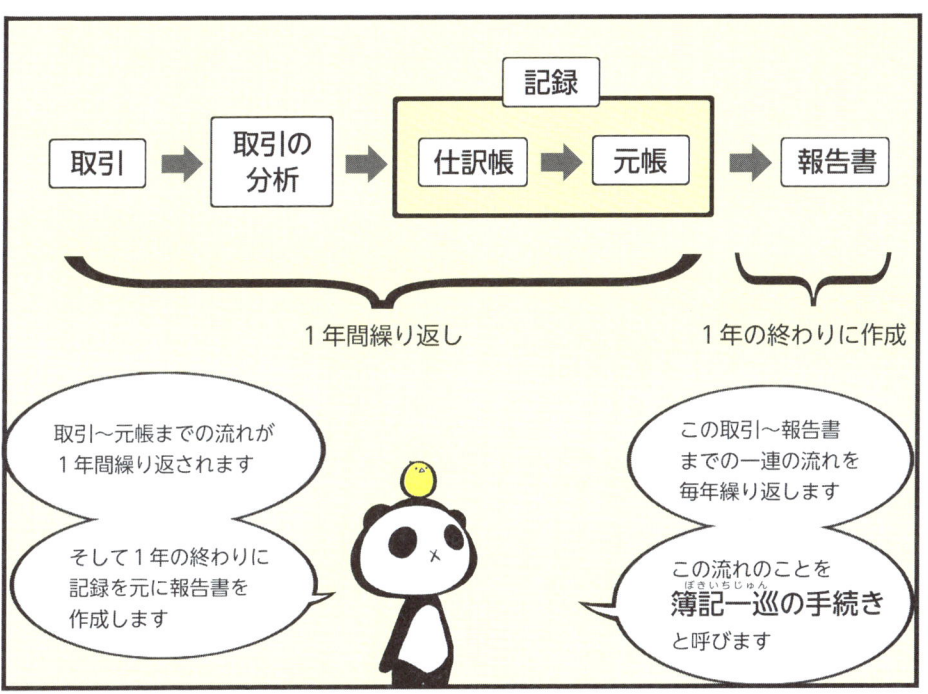

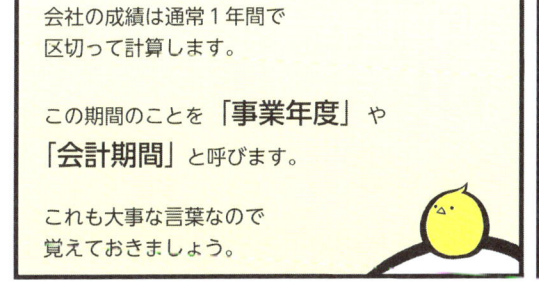

2章 簿記の1年間の流れをつかもう

……記録なんて1回してあれば十分じゃないの？

ん〜、確かに手間なんだけど

2種類の帳簿を使うことで記帳ミスを軽減し、正確な会計帳簿ができるんです

それにそれぞれの帳簿の役割も違っているんです

これについては2章の5で説明します

```
取引 → 取引の分析 → [記録: 仕訳帳 → 元帳] → 報告書
       └─────── 1年間繰り返し ───────┘   └ 1年の終わりに作成 ┘
```

取引〜元帳までの流れが1年間繰り返されます

そして1年の終わりに記録を元に報告書を作成します

この取引〜報告書までの一連の流れを毎年繰り返します

この流れのことを**簿記一巡の手続き**（ぼきいちじゅんのてつづき）と呼びます

会社の成績は通常1年間で区切って計算します。

この期間のことを**「事業年度」**や**「会計期間」**と呼びます。

これも大事な言葉なので覚えておきましょう。

2章の2で、具体的に取引の何をどういう形で記録するのかを見ていきましょう

とて とて

簿記の基本と流れを押さえよう

　簿記は取引（経済活動・経済事象）の内容を記録し、報告書を作成するための技術です。

　では、そもそも記録するって何に記録するのでしょう？

　それはみなさんが普段使っている家計簿のようなノートの形であったり、伝票のように小さな紙片であったり、その大きさや形は問わず、一般的に紙に記録します。最近であればパソコンに入力したものをプリントアウトすることもあります。

　この紙の束（帳簿）にはいくつか種類があり、会社の場合少なくとも２種類は必ず作成します。
　その１つを「**仕訳帳**」、もう１つを「**元帳**」（または総勘定元帳）と呼んでいます。詳しくは２章の５で説明します。

　「家計簿は１種類しか使わないのに、なんで会社の帳簿は２つも使うんだ？　面倒くさいじゃないか！」

　と感じてしまいますが、２つ使うのにはちゃんと理由があって、それぞれに役割が異なるからです。それは後述するとして、ともあれこの２つの帳簿に記録しさえすれば、大体のところ簿記の目的である会社の成績表とも呼べる「報告書」を作成することができます。

　簿記（帳簿に記録する）の流れを示すと以下のようになります。

> **簿記の流れ**
> 取引　⇒　取引の分析　⇒　仕訳帳　⇒　元帳　⇒　報告書

ある期間（1年間や四半期）に取引〜元帳の処理を日々行い、この期間の末日にそれまでの記録をまとめて報告書を作成します。
　この一連の流れは**「簿記一巡の手続き」**と呼ばれます。別に覚える必要はありませんが、そんな風に言います。

　簿記の勉強をする上で最も時間を割くのは仕訳帳への記録だと思います。個々の取引から仕訳帳に記録する作業というのは、

「この取引だったら、こういう書き方をしなければならない」

というルールを覚えていなければできないことです。
　コラム①で会計のルールについて解説した通り、みんなが共通のルールに従って帳簿を作成する（会計処理をする）から、それを見た人が正しい判断をできるのです。
　つまり、数多くある取引についてのルールを覚えることが簿記の勉強の大部分を占めると言っても過言ではありません。

　しかし、細かい部分まで知ろうとすると、数百〜数千時間という膨大な時間がかかってしまいます。そんなものは専門家に任せておきましょう。私たちがそんなに時間をかける必要はありません。基本的な商取引の簿記を学ぶには数十時間あれば十分です。

　本書では、なるべくルールの背景にある考え方も紹介していきます。簿記の入門書では省略されがちな部分ですが、あえて載せています。理由は、結局そのほうが本当の力がつくからです。その分、やや解説が細かいかもしれませんが、あなたの能力向上に役立つと思います。

> **この項で出てきた知っておきたい単語**
> 事業年度（会計期間）、仕訳帳、元帳

02 仕訳とは？

仕訳とは取引を時系列に記録する手法です

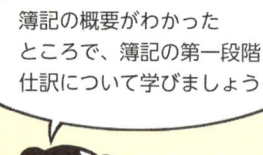

左 右

簿記の概要がわかったところで、簿記の第一段階 仕訳について学びましょう

絵の具？

仕訳帳は取引が発生した順に記録していく帳簿で、歴史的記録を担っていると言われます。

- 4月1日　商品を買った
- 4月3日　出張した
- 4月9日　商品を売った

→ 仕訳帳

そして取引の内容をどのように書いていくのかというと、

例えば、電車を利用して運賃200円を払った場合以下の形で帳簿に書き込んでいきます

家計簿と比べるとかなり独特な書き方をします

（旅費交通費）200　　（現金）200

確かに

【取引】
「4月1日電車を使い現金200円を払った」

⬇ 仕訳

【仕訳帳】
4/1（旅費交通費）200　　（現金）200

このように取引内容を複式簿記独自の記帳形式に変換することを**仕訳**と呼びます

取引 ➡ 取引の分析 ➡ 仕訳 ➡ 仕訳帳

厳密には取引を分析した結果をこの形にして帳簿に記録することを**「仕訳」**と呼びますが、説明が煩雑になるため、以降は分析を省略して**取引⇒仕訳**という形で進めます。

出金伝票

勘定科目：交通費
金額：20,000円
支払先：パンダ

8/9　大阪⇔東京　20,000

働いている方なら旅費の精算などで伝票を書いたことがあるかもしれません

少し省略されていますがこれが仕訳に相当します

営業・購買・開発・経理・人事・総務・製造などあらゆる部署の人が書いた伝票（仕訳帳）を出発点に簿記がスタートします。

伝票　伝票　伝票
↓
会計に組み込まれる

とまぁ、簿記の仕訳はどの職種にとっても身近なものなのですが、

2章　簿記の1年間の流れをつかもう

この「仕訳」は簿記をはじめて学習する人にとって第一の関門になるかもしれません。

新しい考え方や専門用語が続出するので「なんて複雑なんだ！」と簿記のことが嫌いになってしまうかもしれません。

ですが、心配はいりません。実は仕訳はめちゃくちゃ**単純化されたシロモノ**なのです。

仕訳は取引内容を帳簿に書き込むための方法ですが、そもそも会計上、取引の何を書き込めばよいのかを考えてみましょう。

取引　➡　仕訳帳

43

例えば私たちが
りんごを買う場合

りんごの値段、色合い、大きさ、
重量、傷みの有無、日持ちしそうか、
産地、品種などを考慮し、
支払い方法は現金か
クレジットカードを選択します。

たかがりんごを購入するにも
多くの情報が絡んできます。

だからと言って

よく熟し、傷もなく
大きさも適度な青森産
りんごを現金120円を
支払って手に入れた

と帳簿に書くのは
どうでしょう？

日記ならこれで
問題はないですが
会計では冗長です

情報はたくさんあればよい
というものではなく、
目的に応じて
取捨選択すべきです

では仕訳で
必要とされるのは
どの情報でしょう

現金 — 120円 — りんご — 熟している／青森産／大きい／サンつがる

結論から言うと
会計上必要なのは
これだけなんです

現金 — 120円 — りんご

随分
少ないね！

会計が取引から知りたい情報は
「何が何円増減したのか」
これだけです。

色や大きさ、重さ、品質
その他修飾語的な情報を
そぎ落として、この**3点**のみを
抽出しているのです。

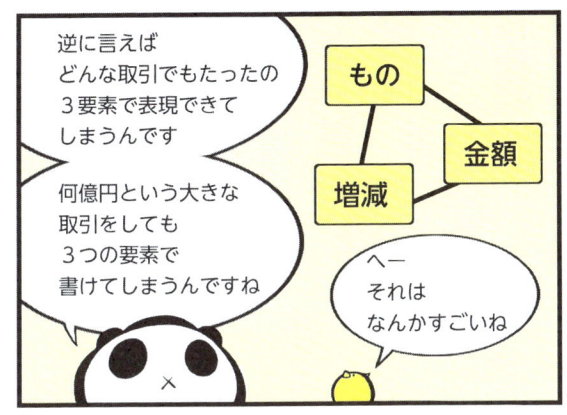

逆に言えばどんな取引でもたったの3要素で表現できてしまうんです

何億円という大きな取引をしても3つの要素で書けてしまうんですね

もの — 金額 — 増減

へーそれはなんかすごいね

では具体的にこの3要素が仕訳でどのように表現されるのかを見ていきましょう

2章 簿記の1年間の流れをつかもう

（旅費交通費） 2,000　　（現金） 2,000

1つ目「ものの名称」

現金や車など、収益や費用といった概念的なものなど貨幣価値で表現できるもの全般が該当します。

（旅費交通費） **2,000**　　（現金） **2,000**

売られる!?

2つ目「金銭の額」

その取引で変化した貨幣額を示します。

（旅費交通費） 2,000　　（現金） 2,000
　　　　　左　　　　　　　　　　右

3つ目は「左右の位置」

仕訳は上記「ものの名称」と「金銭の額」を1セットとして左側と右側に記します。
この左右の位置が「ものの名称」と「金銭の額」の増減を意味します。

45

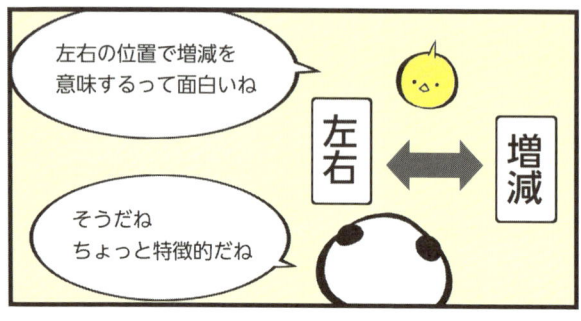

「左右の位置で増減を意味するって面白いね」

「そうだね ちょっと特徴的だね」

左右 ⇔ 増減

「ここでついでに仕訳のルールを2つ覚えておきましょう」

取引があると必ず相対する2つ以上の経済価値の増減が起こります。

つまり、**借方(左側)に1つ以上、貸方(右側)に1つ以上**記帳されます。
片方だけ記入して片方は空きということはあり得ません。

借方	貸方
(土地) 10,000	(現金) 2,000
	(未払金) 8,000

↑1つ以上　↑1つ以上

もう1つ
左側の金額の合計と
右側の金額の合計は
必ず一致します。

何かが増減すれば
他の何かも同じ額だけ増減します。

借方	貸方
(土地) 10,000	(現金) 2,000
	(未払金) 8,000

計10,000 ＝ 計10,000　一致！

「以上が取引を仕訳帳へ記録するための手法の説明でした」

(現金) 100

「次は現金に着目してそれぞれの仕訳がどのような意味を持っているのかを見てみましょう」

現金の仕訳

「現金」の位置と増減の関係を意識して見てください。

仕訳	意味
(機械) 100,000　(現金) 100,000	機械を購入し、現金が減った
(現金) 3,000　(有価証券) 3,000	有価証券を売却して現金が増えた
(現金) 1,000　(売掛金) 1,000	売掛金(後で現金を受け取れる権利)で現金を回収した(増えた)
(交通旅費) 500　(現金) 500	旅費として現金を支払った（減った）

………
左にきたら増えて右にきたら減る？

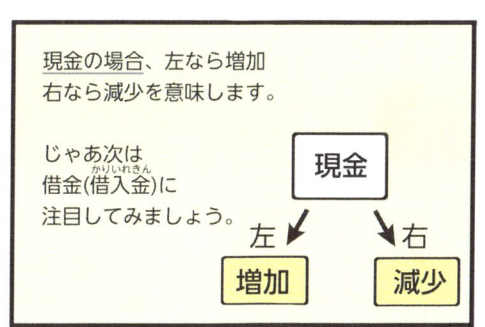

左＝増
右＝減

その通り！やるねえ

現金の場合、左なら増加
右なら減少を意味します。

じゃあ次は借金(借入金)に注目してみましょう。

現金
左↓　右↓
増加　減少

(現金) 1,000　(借入金) 1,000

この仕訳の意味はわかるかな？

えーっと

借金は右にあるから借金が減少、現金は左にあるから現金が増加、かな

にやり

それっておかしくないかい？
借金はお金を借りることだよね？

？

2章 簿記の1年間の流れをつかもう

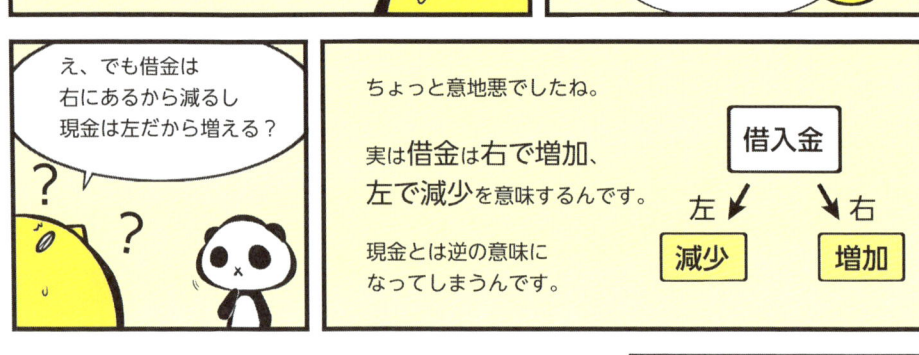

借金をするから手持ちの現金が増えるわけでしょ？

そ、そうだね

逆に借金を返せば手持ちの現金を支払うから現金が減り、借金も減ることになるよね

借金増加
現金増加
銀行
借主

借金減少
現金減少
銀行

あ〜、そうだね

え、でも借金は右にあるから減るし現金は左だから増える？

ちょっと意地悪でしたね。

実は**借金は右で増加、左で減少**を意味するんです。

現金とは逆の意味になってしまうんです。

借入金

左　　　右
減少　　増加

（現金）　1,000　　（借入金）　1,000
　↑　　　　　　　　　↑
現金の増加　　　　借入金の増加

え？　でもなんで？

現金と借金では左右の意味が違うの？

うん

これならすっきりしますよね

ひょっとしてすべての項目の左右の意味を覚えるの？

……

いやいやさすがにそれは無理だよ

覚えるのは5つです

すべての「もの」は5つに分類されます

これは図で覚えられるので2章の4で学びましょう

5

仕訳のルールを覚えよう

取引があると必ず帳簿に記録されます。
　その記録の第一歩が仕訳です。**はっきり言って簿記の勉強は仕訳の勉強**といっても過言ではありません。それぐらいに重要です。

　仕訳は取引から会計情報を抜き出し、それを帳簿に書き込む手法です。会計が知りたい情報は「何が何円増減したか」なので、**書き込む内容は「もの」、「金額」、「増減」の3つです。**
　この他に、取引のあった年月日、その取引内容も帳簿に書き込む重要な情報です。……ですが、これらは記述方法に難しいところはないので、本書では年月日などは基本的に省略します。

　さて、1つの取引があると、必ず2つ以上の「もの」の金額の増加、もしくは減少が起こります。例を挙げると、

【取引】　りんごを現金100円で購入した。
【結果】　①**りんごが 100 円増加**。　②**現金が 100 円減少**。

【取引】　借金をして現金500円を手に入れた。
【結果】　①**借入金が 500 円増加**。　②**現金が 500 円増加**。

　表と裏の関係のように、二面的な動きがあります。これが右と左に記入されることになります。具体的には3章以降で学んでいきましょう。

仕訳の3つのルール
1. 左側の金額の合計と右側の金額の合計は必ず一致する
2. 「もの」と「金額」は1セットとして記入する
3. 左側、右側にそれぞれ1つ以上の「もの」と「金額」を記入する

03 会計の用語

ちょっと専門用語を覚えましょう

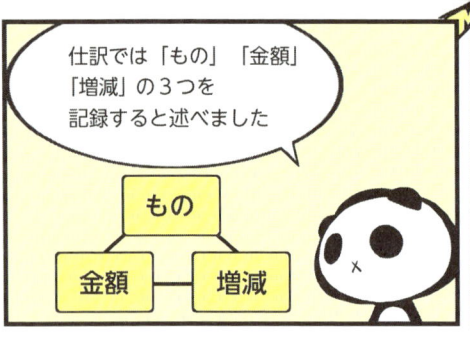

仕訳では「もの」「金額」「増減」の3つを記録すると述べました

```
   もの
  /   \
金額 — 増減
```

この「もの」という表現で間違いはありませんが、漠然としていて締まりがありませんね

だね

会計にはこれを表す言葉がちゃんとあって

「勘定」(かんじょう)と呼んでいます。

現金、土地、建物、借入金、旅費交通費、売上などなどこういった「もの」のことを「勘定」と言います。

飲食店で支払いをする時に「お勘定」と言いますよね

はーい

お勘定

あ〜言うね

勘定という言葉には「金銭を数える」という意味があります。

恐らくそこから「支払いをする」とか会計で使う「勘定」が派生したのではないでしょうか。

いずれにせよすでに私たちが知っている言葉なので覚えやすいですね。

ちなみに、「現金」や「建物」といった名称自体を**「勘定科目」**(かんじょうかもく)と呼び、金額の状態も含めたものを**「勘定」**と呼びます。

現金		← 勘定科目
摘要	借方	貸方
交通旅費		200
給与	500	

勘定

で、専門用語をもう1つ

仕訳の要素の1つ「増減」

これは左側、右側の位置によって表現するんでしたね

左　右

そしてこの左、右に会計上の名前がつけられています

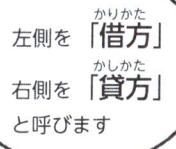

2章　簿記の1年間の流れをつかもう

左側を「**借方**（かりかた）」
右側を「**貸方**（かしかた）」
と呼びます

借方・貸方という言葉は簿記をやっているとしょっちゅう出てくるので**しっかり覚えてください**

借　貸

ああ、前に見たね

しかし、覚えると言っても借方、貸方ってちょっと覚えにくいんですよね

実際に私はときどきどっちがどっちかわからなくなっちゃうのでこのようにして思い出しています

「り」は左向きに流れるので左、
「し」は右向きに流れるので右、です

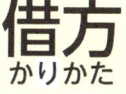

借方　かりかた　→　り　→　左
貸方　かしかた　→　し　→　右

簿記の勉強をしていると覚えにくい独特な言い回しに遭遇することがあります

そんな時は語呂合わせで構いませんので記憶に残る方法を考えてみましょう

繰り返せば覚えられる！

　この項で「勘定（かんじょう）」と「借方（かりかた）」「貸方（かしかた）」という用語を覚えていただいたように、学習を進めていくと、暗記すべきことがどんどん出てきます。

　そうすると、
「せっかく勉強したのに、なんで覚えてないんだろう？」
「自分は記憶力が悪いからなぁ……」
　こんな風に思い悩んでしまうことがあるかもしれません。そこでそんな悩みを解消する勉強に対する考え方を紹介しようと思います。

　まず第一に、私たちはどんなことでも覚えられるはずです。なぜなら、私たちは「りんご」が「アップル（apple）」だと知っているからです。

「……は？」って感じですが、大真面目に言っています。

　私たちの多くが英語に対して苦手意識を持っていると思います。もちろん、ビジネスの国際化に伴い得意とする人の数は増加しています。それでも大半の人は使う機会がないため、苦手としているでしょう。私も何度挫折したことでしょうか。

　しかし、そんな私たちでも「りんご」は英語で「アップル」だということは知っています。英語が苦手なのに、なぜでしょう？

「へ？　りんごがアップルなのは当たり前でしょ」

　そう思いますか？
　では、同じ果物で形も似ている「梨（なし）」を英語で言えますか？

…………。ペア（pear）と言うそうです。ペアチケットなどのペア（pair）と同じ発音だそうです。ご存知でしたか？　私はこの原稿を書いてはじめて知りました（ちなみに pear は洋梨で、和梨は asian pear や apple pear と呼ぶそうです）。

　アップルは知っていたのに、なぜペアを知らなかったのでしょう？
　生物種の違いのせいでしょうか？　違いますよね。
「アップル」を==目や耳にする機会が圧倒的に多い==からです。
「アップルジュース」、「アップルパイ」など子どもの頃から日常的に「アップル」に触れているから、日本人のほとんどが「りんご＝アップル」を理解しているのです。
　一方、「梨（なし）＝ペア」を教えてくれるものが、身の回りにあったでしょうか。少なくとも私が育った環境にはありませんでした。「ペアジュース」なんて聞いたこともありません（インターネットで調べてみたら一応存在はしているみたいです）。

　つまり何が言いたいかというと、==記憶というのは繰り返し塗り重ねることで定着する==、ということです。どんなに難しい言葉でも公式でもです。
　憂鬱（ゆううつ）という漢字がいくら難しくても、小学 1 年生の頃から教えていれば、日本人の 99％が書けるようになっているはずです。

　逆にどんなに簡単なことでも、1 回だけでは数日後には忘れてしまう恐れがあります。「梨（なし）＝ペア（pear）」を 1 週間後に思い出せるでしょうか。ひょっとするとこの話自体を忘れているかもしれません。

　ですから、==学習したことを忘れてしまうのは当たり前==と考えてください。「覚えられないなぁ」なんて悩む必要はありません。だって忘れるのは当たり前なのですから。
　ここで「ああ、まだまだ繰り返しが足りないんだな」と思えるようになれば、最強です。どんなものでも覚えられるようになります。

2 章　簿記の 1 年間の流れをつかもう

04 5つのグループ

勘定科目は5つのグループに分類されます

会社で扱う勘定の種類はたくさんあります。

ですが、これらはたった5つの区分に分類することができます。

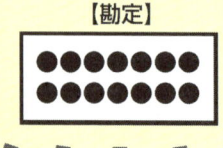

【勘定】

仕訳において借方(左)、貸方(右)が増加、減少のいずれを意味するのかは、この5つの区分によって判断されます。

5つの区分は次の図のように表現できます

財政状態を示すグループ
(財産の状態を示す)

借方	貸方
資産	負債
	純資産

経営成績を示すグループ
(儲けの状態を示す)

借方	貸方
費用	収益

5つのグループは**資産・負債・純資産 費用・収益**です。

すべての勘定はこのいずれかに属します。
(例外もあります)

それを図にまとめるとこうなるんです

この図は複式簿記の根幹を成すものなので空(そら)で書けるようになってください

ふむ

この図は会社の成績表のヒナ形とも言える重要なものなんです

でも空で書けるようにってのはちょっと面倒だね

5つのグループの図の覚え方は例えば次の形が考えられます

資産・負債・純資産に関しては
左が1つ、右が2つで
構成されているので
左を1(いち)、右を2(に)
と考えて、「ち」と「に」の字の
流れで左右を連想できます。
1つのほうが左、2つのほうが右
という感じです。

費用・収益については
「ひよう」と「しゅうえき」の
「う」と「き」の字の流れで
覚えるとよいですよ。

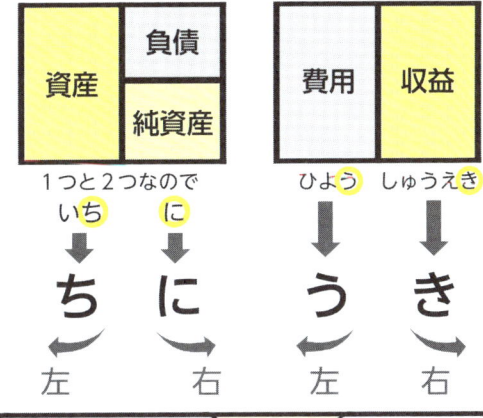

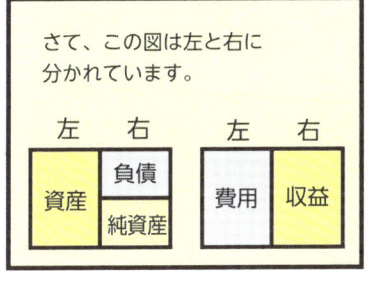

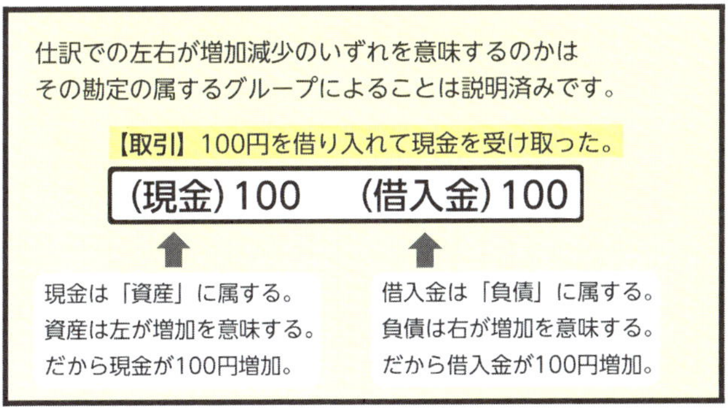

資産	負債
	純資産

1つと2つなので
いち に
→ ち　　→ に
　左　　　右

費用	収益

ひよう　しゅうえき
→ う　　→ き
　左　　　右

さて、この図は左と右に
分かれています。

左	右
資産	負債
	純資産

左	右
費用	収益

仕訳にも
借方(左)と貸方(右)が
ありましたよね

増加か減少を
意味するんだっけ

借方(左)	貸方(右)
(現金) 100	(借入金) 100

仕訳での左右が増加減少のいずれを意味するのかは
その勘定の属するグループによることは説明済みです。

【取引】100円を借り入れて現金を受け取った。

(現金) 100　　(借入金) 100

↑現金は「資産」に属する。
資産は左が増加を意味する。
だから現金が100円増加。

↑借入金は「負債」に属する。
負債は右が増加を意味する。
だから借入金が100円増加。

要は5つのグループの
左右が増加減少の
いずれを示すのかを
覚える必要があるのです

とはいえ、
たった5つのグループでも
その左と右の意味を
覚えようとすると
5×2＝10パターンも
覚えなくてはいけません。

① 資産の左　⇒　増加
② 資産の右　⇒　減少
③ 負債の左　⇒　減少
④ 負債の右　⇒　増加
⑤ 純資産の左　⇒　減少
⑥ ・・・・・
⑦ ・・

これを丸暗記するのは
相当な労力が必要です。

もっと簡単に
覚えられる方法を
考えましょう。

2章 簿記の1年間の流れをつかもう

「資産」の左は増加、右は減少。

このように5つのグループの左右は必ず増加と減少の一方ずつを意味します。
両方が増加、両方が減少、ということはあり得ません。

	左	右
❶	増加	減少
❷	減少	増加

この2通りしかありません

つまり、一方を覚えてしまえばもう片方はその逆だとわかるのです。これなら覚えるのは5つだけで済みます。

「私は5つのグループの増加する位置を覚えています」

「その逆位置が減少ってことだね」

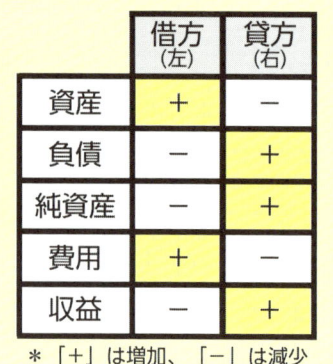

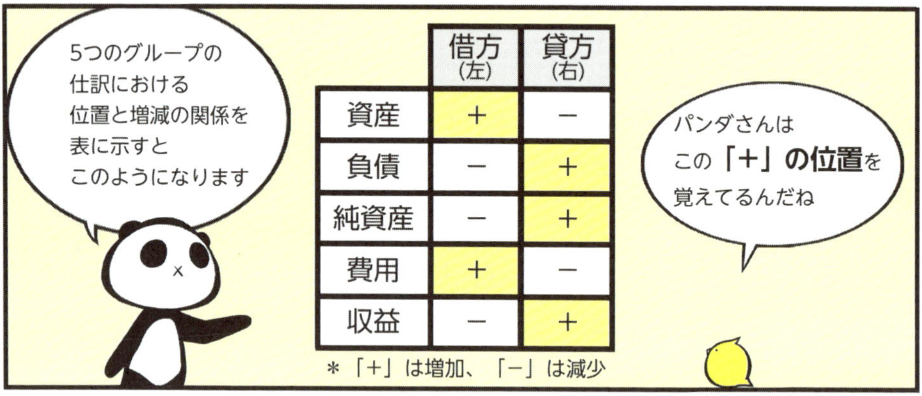

「5つのグループの仕訳における位置と増減の関係を表に示すとこのようになります」

	借方 (左)	貸方 (右)
資産	＋	－
負債	－	＋
純資産	－	＋
費用	＋	－
収益	－	＋

＊「＋」は増加、「－」は減少

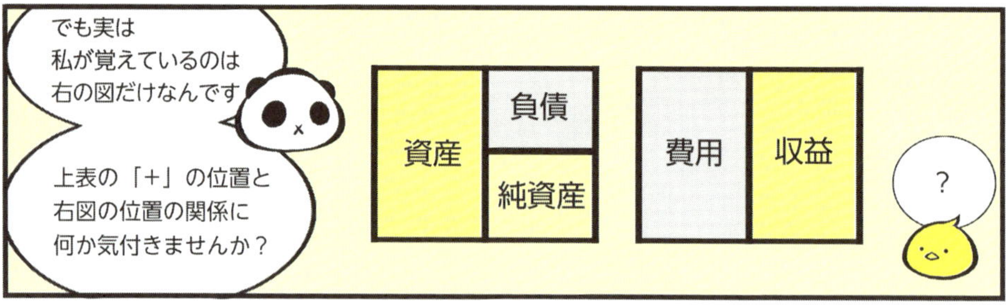

「パンダさんはこの**「＋」の位置**を覚えてるんだね」

「でも実は私が覚えているのは右の図だけなんです」

「上表の「＋」の位置と右図の位置の関係に何か気付きませんか？」

資産	負債
	純資産

費用	収益

何度も見てもらっている5つのグループの図は仕訳の際の**「増加を意味する位置」**を示しているのです。

　　　　　　左　　　　　右
（現金）100　（借入金）100

現金は「資産」。図の中で資産は左に位置する。この仕訳では左にあるので現金は増加する。

借入金は「負債」。図の中で負債は右に位置する。この仕訳では右にあるので借入金は増加する。

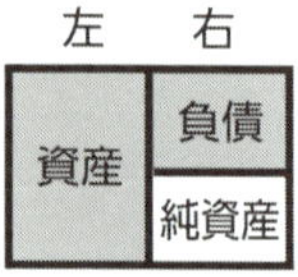

	左	右
資産		負債
		純資産

＊資産は左
　負債は右

右の図のような意味ですね。

グループ図を覚えることで仕訳の際に左右のいずれに勘定科目を書けばいいのかがわかります。

	借方(左)	貸方(右)
資産	＋	－
負債	－	＋
純資産	－	＋

	借方(左)	貸方(右)
費用	＋	－
収益	－	＋

資産	負債
	純資産

費用	収益

以下の３つの仕訳例を見てみてその勘定が増減のいずれを意味するかを確認してみましょう。

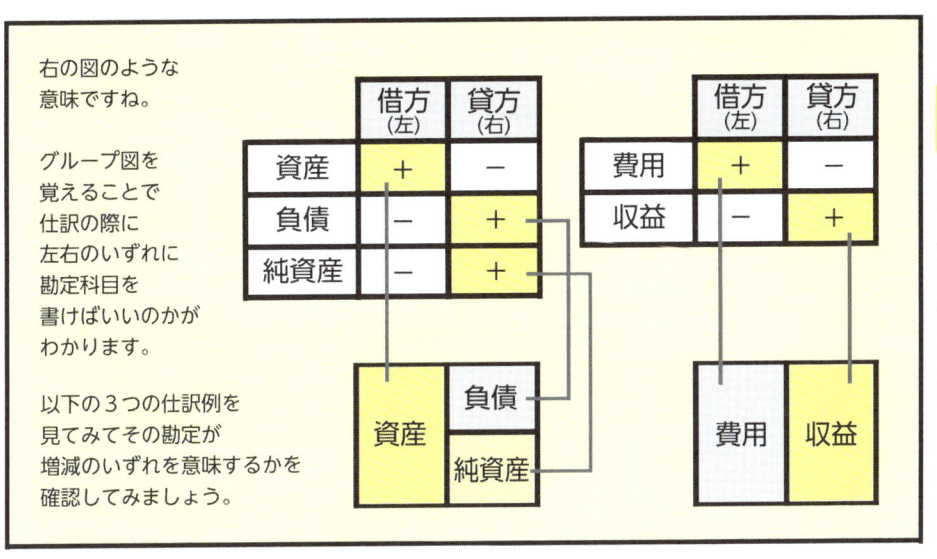

【取引】 電話代600円を後払いにした。

(通信費) 600　(未払金) 600

通信費は「費用」。この仕訳では左に位置するので増加。

未払金は「負債」。この仕訳では右に位置するので増加。

資産	負債
	純資産

費用	収益

【取引】 商品200円を販売し現金を受け取った。

(現金) 200　(売上) 200

現金は「資産」。この仕訳では左に位置するので増加。

売上は「収益」。この仕訳では右に位置するので増加。

資産	負債
	純資産

費用	収益

【取引】 借入金100円を現金で返済した。

(借入金) 100　(現金) 100

借入金は「負債」。この仕訳では左に位置するので減少。

現金は「資産」。この仕訳では右に位置するので減少。

資産	負債
	純資産

費用	収益

2章　簿記の１年間の流れをつかもう

…これって仕訳のたびに「この勘定科目は資産だから左に書こう」とかやらないといけないってこと?

まぁ、そういうことだね

なんだかすごく面倒くさそう…

いやいや、慣れれば一瞬でわかるようになるよ

実際に仕訳するときはわかりやすいところから書いていけばいいでしょう。

例えば、「外食して現金800円を支払った」という取引を仕訳するなら**まず現金が800円減少**したことが明らかです。

<u>金額は判明しています。</u>

(??) 800　(現金) 800

現金の減少。つまり「資産」の減少なので右に書きます。

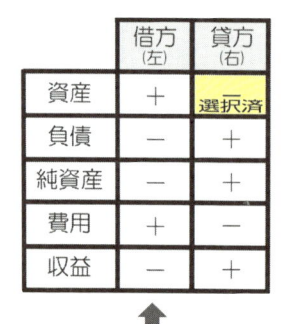

	借方(左)	貸方(右)
資産	+	選択済
負債	−	+
純資産	−	+
費用	+	−
収益	−	+

どれにする?

次いで、現金の減少に対応する外食というのがどのグループに属するのかを考えます。
資産の増加?　負債の減少?　純資産の減少?
費用の増加?　収益の減少?
この場合、消費しているので**費用**が妥当でしょう。
よって以下の仕訳になります。

(外食費) 800　(現金) 800

費用の増加　　資産の減少

＊外食費という勘定科目はあくまで仮の名前です

仕訳は5つのグループの左右の意味を組み合わせることでできあがります。

どの勘定科目がどのグループに属するかは学習を進める中で徐々に覚えていきましょう。

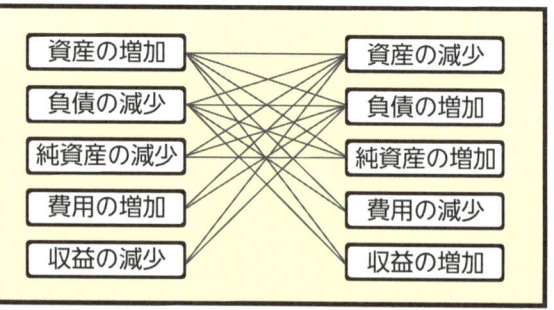

資産の増加	資産の減少
負債の減少	負債の増加
純資産の減少	純資産の増加
費用の増加	費用の減少
収益の減少	収益の増加

簿記の最重要ポイント！
5つのグループ図を覚えよう

「勘定科目」は5つのグループに分類することができます。
　このグループの考え方は非常に重要で、これがわからなければ簿記は一生わからないと断言できます。しっかり学びましょう。

　5つのグループは次の名称で分類されています。
「資産」「負債」「純資産」 の3つと、**「費用」「収益」** の2つです。それぞれのグループに属する勘定の特徴は以下の通りです。

グループ名	属する勘定科目の特徴
資　産	企業が所有する現金や土地、建物など経済価値があるもの
負　債	借金など他者に後日支払わなければならない金額
純資産	会社の所有者（株主）が出資した金額など 資産、負債のいずれにも該当しない勘定も含まれます
費　用	通信費、旅費交通費など企業活動をする上で要した出費など
収　益	商品を売った売上や預金の受取利息など

　「資産」「負債」「純資産」の3つを1つの表にまとめたものが企業の財政状態（財産の状態）を示す報告書となります。
　「費用」「収益」の2つを1つの表にまとめたものが企業の経営成績（利益や損失）を示す報告書となります。

　これらの位置を示した2つの図は空(そら)で書けるようになってください。この図さえわかれば仕訳の際、勘定科目を借方（左）、貸方（右）のいずれに書けばいいのか悩まずに済みます。今後、==仕訳を見たらこの図をイメージして、勘定科目が増加減少のいずれを意味しているのかを考える訓練をしてみてください。==

> **この項で出てきた覚えておきたいこと**
> 資産・負債・純資産の図と費用・収益の図

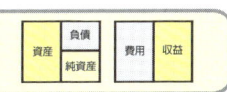

05 元帳って何?

取引内容を分類してくれる帳簿です

仕訳帳　元帳

取引 ➡ 仕訳帳 ➡ 元帳 ➡ 報告書
　　　仕訳　　　転記

仕訳の基礎がわかったところで次は**元帳への転記**です

なぜわざわざ仕訳帳と元帳の2つに記録するのかというと両者の役割が異なるからです。

仕訳帳は取引の発生順での記録、**元帳は取引を分類した**記録を担当しています。

元帳は1つの勘定（現金や仕入など）ごとにある期間の取引をまとめたものです

勘定科目ごとにページを変えて記入していきます

現金

こんな風に**T字の形で**表されるのが一般的です

左右に相手勘定を入力していきます。

取引 ……… 商品を5,000円で売り上げ現金を回収した。

↓仕訳

仕訳帳 ……… （現金）5,000　（売上）5,000

↓転記

元帳 ………
現金　｜　売上 5,000　｜
売上　｜　現金 5,000　｜

現金勘定のページに書かれます。

売上勘定のページに書かれます。

取引から元帳までの流れはこんな感じです

仕訳帳の内容を元帳に記録する作業を**転記**と呼びます

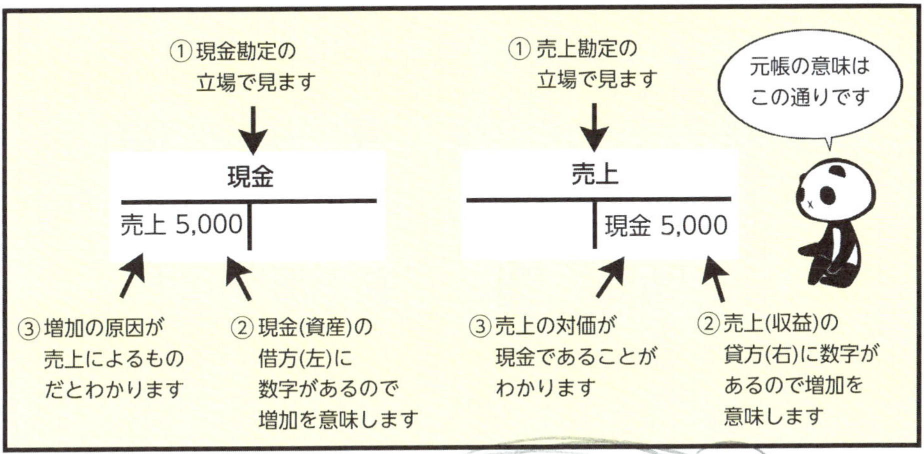

2章 簿記の1年間の流れをつかもう

①現金勘定の立場で見ます

現金
売上 5,000

③増加の原因が売上によるものだとわかります
②現金(資産)の借方(左)に数字があるので増加を意味します

①売上勘定の立場で見ます

売上
現金 5,000

③売上の対価が現金であることがわかります
②売上(収益)の貸方(右)に数字があるので増加を意味します

元帳の意味はこの通りです

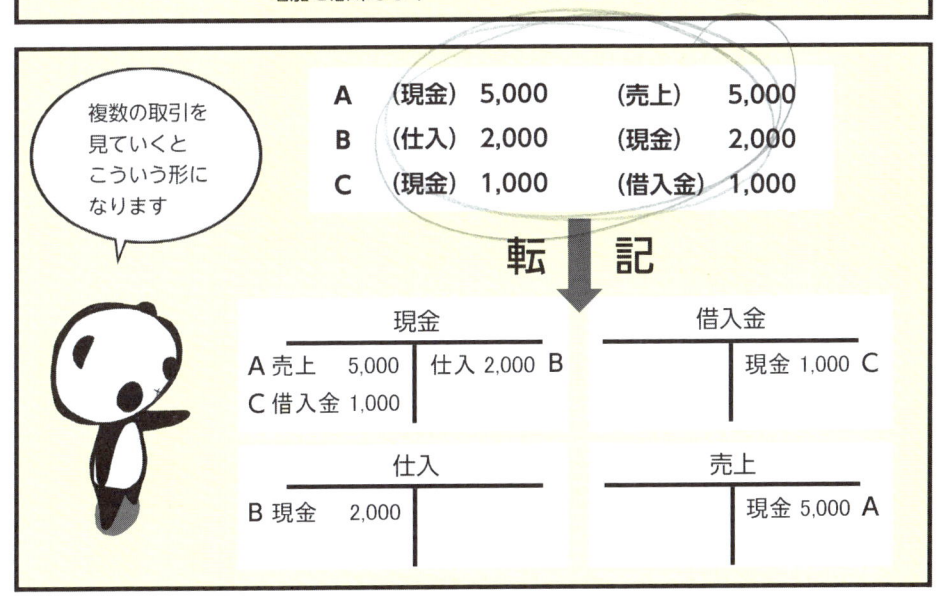

複数の取引を見ていくとこういう形になります

A	(現金)	5,000	(売上)	5,000
B	(仕入)	2,000	(現金)	2,000
C	(現金)	1,000	(借入金)	1,000

転記

現金
A 売上　5,000 ｜ 仕入 2,000 B
C 借入金 1,000 ｜

借入金
｜ 現金 1,000 C

仕入
B 現金　2,000 ｜

売上
｜ 現金 5,000 A

元帳をつくることで**相手勘定**や**残高**をすぐに確認できます

例えば今月の売上がいくらか確認しようとした時、仕訳帳だけだと、いちいち売上勘定を探して集計しないといけません

え〜と あれと あそこと

【仕訳帳】

(現金)　5,000　(売上)　5,000
(仕入)　2,000　(現金)　2,000
(現金)　1,000　(借入金)1,000
(売掛金)3,000　(売上)　3,000

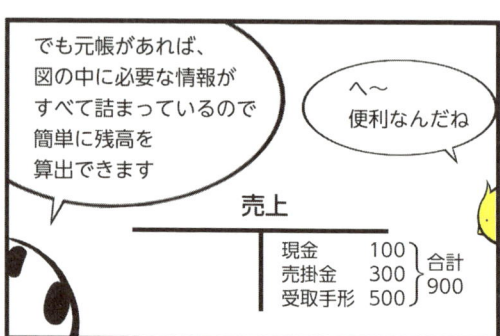

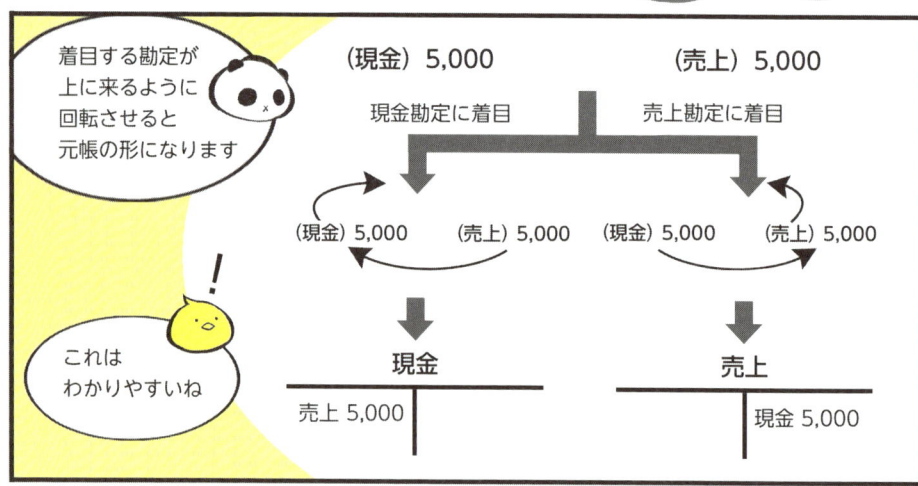

- これってメチャクチャ面倒だし時間がかかるわけです
- ‥‥だろうね
- でも元帳があれば、図の中に必要な情報がすべて詰まっているので簡単に残高を算出できます
- へ〜便利なんだね

```
       売上
      ──────────
       現金    100 ┐
       売掛金   300 ├合計
       受取手形 500 ┘ 900
```

- ‥‥‥でも、仕訳から元帳への転記がよくわからないなぁ
- うん、慣れないとちょっと迷うかもしれないね
- 仕訳を回転させると元帳の形になるから慣れないうちは試してみるといいよ
- 回転?

- 着目する勘定が上に来るように回転させると元帳の形になります
- これはわかりやすいね

(現金) 5,000　　(売上) 5,000

現金勘定に着目 / 売上勘定に着目

(現金) 5,000　(売上) 5,000　　(現金) 5,000　(売上) 5,000

```
     現金                     売上
──────────────        ──────────────
 売上 5,000                   現金 5,000
```

- 元帳は仕訳帳を元につくられるので仕訳帳さえあれば自動的につくれてしまうものです
- なので実務上はコンピューターに仕訳を入力すれば自動的につくられたりします
- とは言え、まずは自分でつくれなきゃダメですけどね

元帳は
キレイにまとまっている帳簿

　元帳は勘定科目別に、その金額の増減とその原因を示した帳簿です。

　仕訳帳に記載された情報を元帳に写すのですが、この作業を**「転記」**と呼び、これにより勘定科目別に整理、集計されます。そのため仕訳帳が**「歴史的記録」**と呼ばれるのに対し、元帳は**「分析的記録」**とも呼ばれます。要は勘定科目ごとにキレイに分類されるということです。

　仕訳は取引ごとにどんな仕訳をするのかを考えないといけませんが、仕訳帳の記録を元帳へ転記する作業は、ほぼ自動的にできてしまいます。考える必要がないため、コンピューターに自動処理させることも可能です。

　一定期間（1年間など）書きためた元帳ができると、それを元に会社の成績表である報告書を作成することができます。厳密に言うと、元帳の情報に少し調整を加えますが、これは4章で説明しますね。

　簿記の学習は、細かい取引ごとの会計処理の方法、つまり仕訳に重点が置かれますが、元帳は文字ではなく図として金額の流れをつかみやすいので、今後の学習でもたびたび登場します。
　例えば、下のような勘定の図を用います。元帳はとても使える帳簿です。少しずつ慣れていって、貸借の意味をしっかり理解していきましょう。

現金

借方	貸方
前期繰越 200	400
500	
	次期繰越 300

意味
前期末の現金残高が 200
当期に入ってきた現金が 500
当期に出ていった現金が 400
当期末の現金残高が 300

06 帳簿の種類

会社で扱う帳簿は仕訳帳、元帳以外に補助的なものもあります

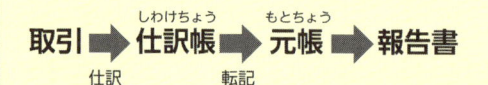

取引 ➡ 仕訳帳 ➡ 元帳 ➡ 報告書
　　　　仕訳　　　転記

取引から報告書までに「仕訳帳」と「元帳」の2つの帳簿を経由すると説明してきました

ですが、実は会社で扱う帳簿は他にも数種類あります

2種類じゃないの!?

仕訳帳　元帳　　　他の帳簿

報告書を作成する分には仕訳帳と元帳があれば事足りるのですが、

実務上あると便利なので補助的な帳簿を使う場合があります。

例えば、後払いの代金は支払い条件をまとめた表があると便利です

相手先、支払期日、金額など必要な情報が一目でわかるからです

相手先	期日	金額
キリン商店	2/25	100
タヌキ酒店	2/25	300
キリン商店	3/25	500
トラ龍(株)	3/25	200
(株)ぎんぺん	4/10	800

これを仕訳帳や元帳を使って調べようとするとかなりの手間がかかってしまいます。

主要簿
仕訳帳・元帳

逆に仕訳帳、元帳のことを主要な帳簿という意味で**「主要簿」**と呼びます。

このように仕事をする上で便利なので補助的に使っている帳簿を**「補助簿」**と呼びます。

補助簿
現金出納帳
買掛金元帳
など

主要簿は絶対につくりますが、補助簿は絶対ではありません。

取引 ➡ 仕訳帳 ➡ 元帳 ➡ 報告書
　　　　　　　↘ 補助簿

補助簿の作成経路はこんな感じです

仕訳とほぼ同時かもしれませんね

主要簿と補助簿の役割

　会社で使用する帳簿は実は仕訳帳と元帳だけではありません。

　仕訳帳と元帳は報告書作成のために必ず作成しなければならず、これらはまとめて「**主要簿**」と呼ばれます。
　報告書を作成する分にはこの主要簿だけで事足りるのですが、実務上はこれだけでは少々不便です。
　報告書作成の立場から言えば、<mark>勘定科目と金額さえわかればよい</mark>ので、仕訳帳、元帳で着目しているのも主にこれらです。取引相手の名前や支払期日などそんな細かい情報は知ったこっちゃありません。

　しかし、実際の取引でこんなことを言っていては仕事になりません。企業間で何かを売買すると後払いにするのが一般的です。

　つまり、
「A社には後日1,000円払わないといけない」
「B社からは後日500円払ってもらえる」

　ということを管理しておかなければならないのです。
　ですから、取引相手ごとに債権（お金を回収できる権利）、債務（お金を払う義務）を管理しておきたいのです。
　しかし、仕訳帳は取引を時系列に記したもので、元帳は勘定科目別に分類したもの。実務の要望を満たしてはいません。
　だから、<mark>日常業務を効率よく進めるための補助的な帳簿</mark>をつくり、これを活用しているのです。こういった帳簿を「**補助簿**」と呼びます。
　補助簿は会社によって作成したりしなかったりします。補助簿には、現金の出入りを管理する帳簿、後払いの管理をする帳簿、商品の在庫を管理する帳簿などがありますが、種類などを細かく覚える必要はありません。

2章　簿記の1年間の流れをつかもう

07 資産・負債・純資産とは？

お金の源泉とその使われ方

5つの区分のうち財産の状態を表す資産・負債・純資産について見ていきましょう

資産
負債
純資産

資産か〜なんか裕福なイメージがあるね

そうだね〜
・・・
資産家とも言うしね〜

・・・・・

さてこれが財政状態を示す図です

| 資産 | 負債 |
| | 純資産 |

この図は勘定の増加減少の位置を示すだけでなく会社の報告書のヒナ形でもあります

ある時点での「現金」や「借入金」等の残高をこの表に入れることで財産を示す表が完成します

よっと

【資産】現金 | 【負債】
| 【純資産】

「ある時点」というと**1年で区切りのよい時期**を指します。

年度の終わり(3/31)
1年の終わり(12/31)
四半期の終わり、
毎月の末日
などがそうです。

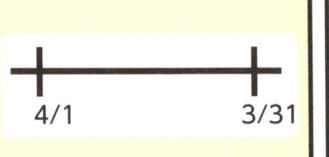

4/1 3/31

そして現金などの残高は元帳の数字を持ってきます。

現金

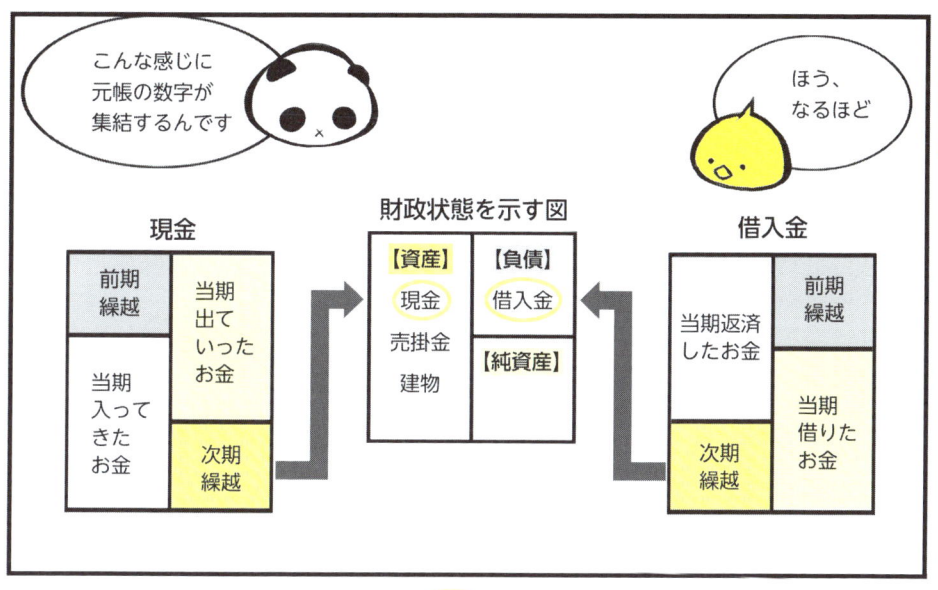

こんな感じに元帳の数字が集結するんです

ほう、なるほど

2章 簿記の1年間の流れをつかもう

現金

| 前期繰越 | 当期出ていったお金 |
| 当期入ってきたお金 | 次期繰越 |

財政状態を示す図

【資産】	【負債】
現金	借入金
売掛金	【純資産】
建物	

借入金

| 当期返済したお金 | 前期繰越 |
| 次期繰越 | 当期借りたお金 |

元帳の図の説明をしましょう。

T字のものと少し形が異なりますが意味するところは四角形でも同じです。

この図は勘定の金額の増減を視覚的に理解できるのでよく用いられます。

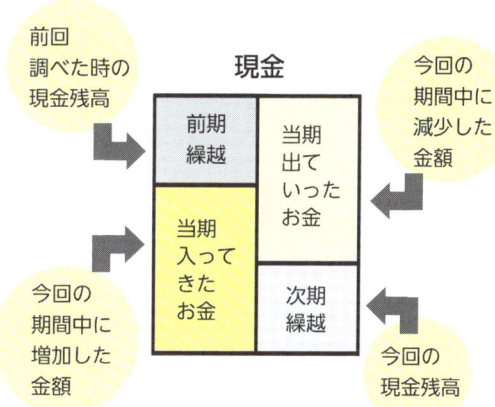

前回調べた時の現金残高 →

今回の期間中に減少した金額 →

現金

| 前期繰越 | 当期出ていったお金 |
| 当期入ってきたお金 | 次期繰越 |

← 今回の期間中に増加した金額

← 今回の現金残高

資産・負債・純資産に属するすべての勘定科目の残高を入れると財政状態を示す会社の成績表が完成します。

では、資産、負債、純資産の意味を見てみましょう

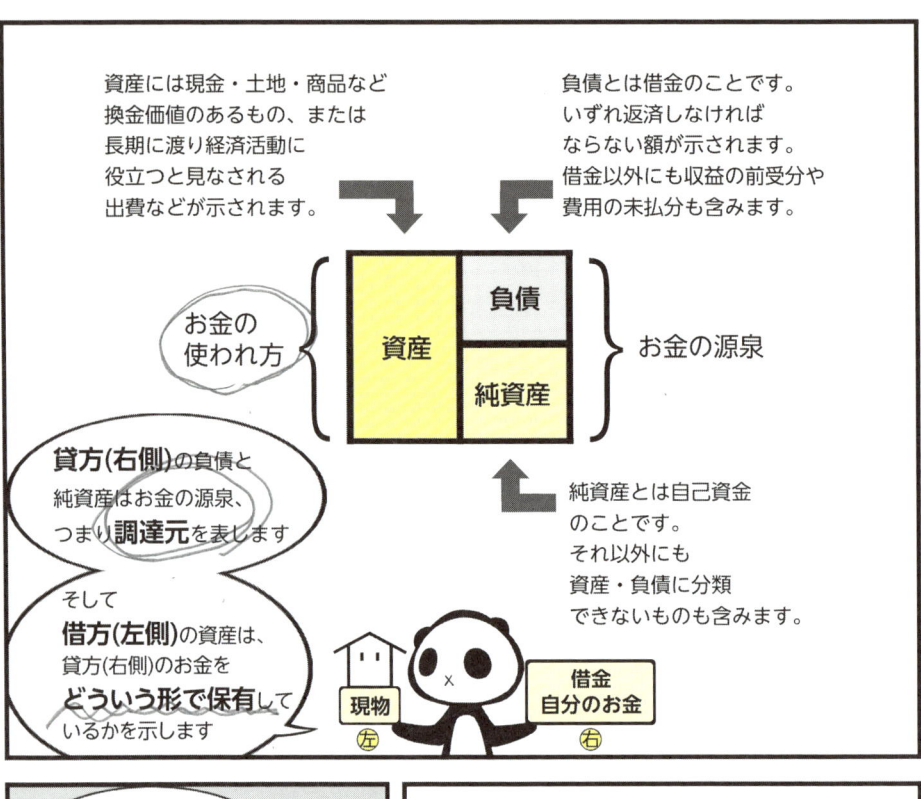

資産には現金・土地・商品など換金価値のあるもの、または長期に渡り経済活動に役立つと見なされる出費などが示されます。

負債とは借金のことです。いずれ返済しなければならない額が示されます。借金以外にも収益の前受分や費用の未払分も含みます。

お金の使われ方 — 資産 / 負債 / 純資産 — お金の源泉

貸方(右側)の負債と純資産はお金の源泉、つまり**調達元**を表します

そして**借方(左側)**の資産は、貸方(右側)のお金を**どういう形で保有**しているかを示します

純資産とは自己資金のことです。それ以外にも資産・負債に分類できないものも含みます。

現物｜左　　借金 自分のお金｜右

なんかよくわからないんだけど

八百屋さんを例にとろうか

らっしゃい！

スイカ専門店？

【資産】
現金預金
売掛金
商品(野菜)
土地
建物(店舗)
車(軽トラ)

【負債】
買掛金
借入金

【純資産】
資本金

八百屋さんの財政状態は上図のようだとします

財政状態を示す図

```
運用形態 { 【資産】          【負債】      } 借金
         現金預金         買掛金
         売掛金           借入金
         商品
         土地           【純資産】      } 自己資金
         建物            資本
         車
```

土地、お店、車を持っていますが
これらはひょっとすると
借入金で購入したのかもしれません。

商品の野菜は買掛金(かいかけきん)(後払い)で
購入したのでしょう。

他の現金などは自分のお金
由来かもしれません。

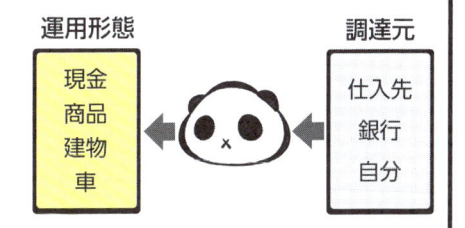

運用形態：現金／商品／建物／車　←　調達元：仕入先／銀行／自分

負債や純資産で調達したお金が
形を変えて資産になっていると
考えてください。

ですからこの図の借方と貸方の
金額は必ず一致します。

$$\boxed{借方} = \boxed{貸方}$$

会社が実際に保有している
物品を示しているのは
借方(左側)だけです。

貸方(右側)の数字は、
お金の調達源を示しているだけで
実際にその金額のお金を
持っているわけではありません。

つまり
純資産に大きな数字が
書いてあっても
その金額を手元に
持っているわけでは
ないんですね

左：運用形態／右：調達源

貸方(右)でお金を
獲得して借方(左)
でその使い道を
示している

これを
覚えてください

2章 簿記の1年間の流れをつかもう

資産・負債・純資産を具体例から考えよう

　負債・純資産はお金の調達源を示し、資産はその調達したお金をどのような形で保有しているかを示します。
　そして負債は他人由来のお金、つまり借金を、純資産は自分由来のお金を意味します。

　例えば、私は小学生のとき、月500円のお小遣いをもらっていました。この500円は私のものになっているので調達源としては純資産と考えられます。
　ところで、当時の私はゾイドがほしくて仕方がありませんでした。ゾイドというのは、恐竜や動物を模した兵器というコンセプトの玩具です。しかし、目当ての大型ゾイドは5,000〜6,000円ほどしたので、毎月のお小遣いを1年近く貯めなければなりませんでした。結局私は購入を諦める選択をしましたが、もし親からお小遣いを前借りすることができたら、目的の大型ゾイドが手に入ったかもしれません。この場合の財政状態を示す表の推移はどうなるでしょう。

❶ 残金0の状態で、新たにお小遣いをもらった場合

資産	負債
現金　　500	
	純資産
	資本金　　500

❷ お小遣いを5,000円前借りした場合

資産	負債
現金　　5,500	借入金　　5,000
	純資産
	資本金　　500

❸ ゾイドを5,500円で購入した場合

資産	負債
ゾイド　　5,500	借入金　　5,000
	純資産
	資本金　　500

こんな感じになります。

しかし、男の子が雑に扱ったりして壊してしまったらどうでしょう。

```
（除却損）5,500          （ゾイド）5,500
    ↑                      ↑
 費用の増加               資産の減少
```

恐らくこんな仕訳をすることになるでしょう。適切な勘定科目は不明ですが、費用の増加、資産の減少になります。さらに、

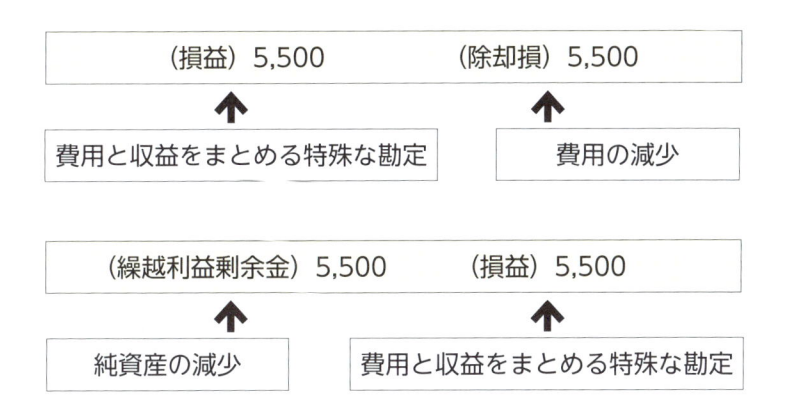

```
（損益）5,500            （除却損）5,500
    ↑                      ↑
費用と収益をまとめる特殊な勘定    費用の減少
```

```
（繰越利益剰余金）5,500   （損益）5,500
    ↑                      ↑
 純資産の減少          費用と収益をまとめる特殊な勘定
```

❹ ゾイドを失った状態

資産	負債	
0	借入金	5,000
	純資産	
	資本金	500
	剰余金	△5,500

※△はマイナスを表します

こんな仕訳の流れ（これらの仕訳はまだわからなくて大丈夫です）で、結果的に、❹のような形になります。

これは純資産、つまり自分に属するお金がマイナスになっています。資産よりも負債のほうが大きいと、この状態になり、かなりまずい状況です。これから何か月も我慢の日々が続きそうです。

お金の源泉とその運用形態という意味が何となくおわかりいただけたでしょうか。現物として所有しているのは借方（左側）だけで、貸方（右側）は現物を示しているわけではないことを覚えておいてください。

08 収益・費用とは？

会社の経営成績を示す要素

お次は5つのグループの残り収益と費用です

会社の経営成績を示す概念です

収益
費用

ものやサービスを提供して対価を**受け取る**のが**収益**。

反対にものやサービスの提供を受けて対価を**支払う**のが**費用**です。

もの・サービス
購入 ↓　販売 ↓
対価（お金など）

ある一定期間の収益・費用に属する勘定科目の元帳から残高(差額)を入力するとこの表ができます。

資産などをまとめた表と同じことをしています。

これも報告書のヒナ形になります。

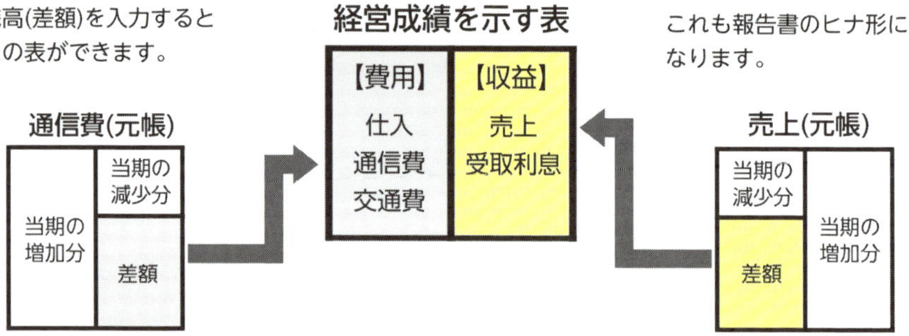

経営成績を示す表

【費用】仕入 通信費 交通費 ／ 【収益】売上 受取利息

通信費(元帳)：当期の増加分／当期の減少分・差額

売上(元帳)：当期の減少分・差額／当期の増加分

費用｜収益 → 利益
費用｜収益 → 損失

費用＜収益であれば利益が出て、
費用＞収益であれば損失が出ます

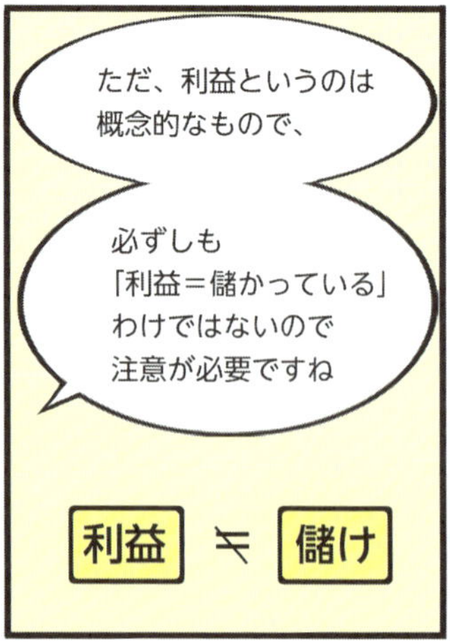

ただ、利益というのは概念的なもので、

必ずしも「利益＝儲かっている」わけではないので注意が必要ですね

利益 ≠ 儲け

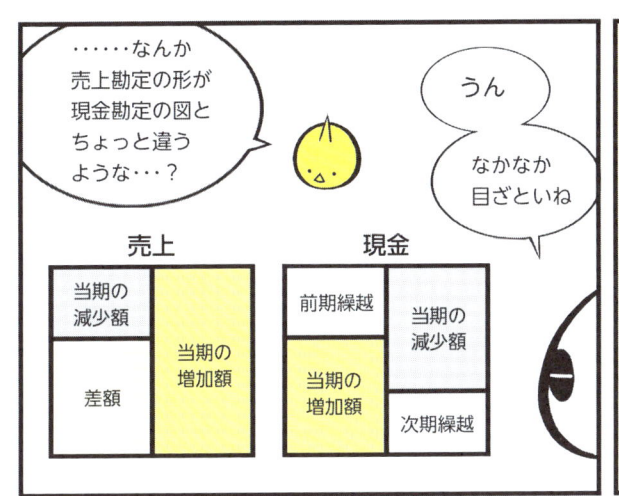

……なんか売上勘定の形が現金勘定の図とちょっと違うような…？

うん
なかなか目ざといね

売上
| 当期の減少額 | 当期の増加額 |
| 差額 | |

現金
| 前期繰越 | 当期の減少額 |
| 当期の増加額 | 次期繰越 |

現金など資産・負債・純資産には前期繰越額、次期繰越額がありますが、費用・収益には繰越額がありません。

これはちょっと考えてみれば当たり前の話です。

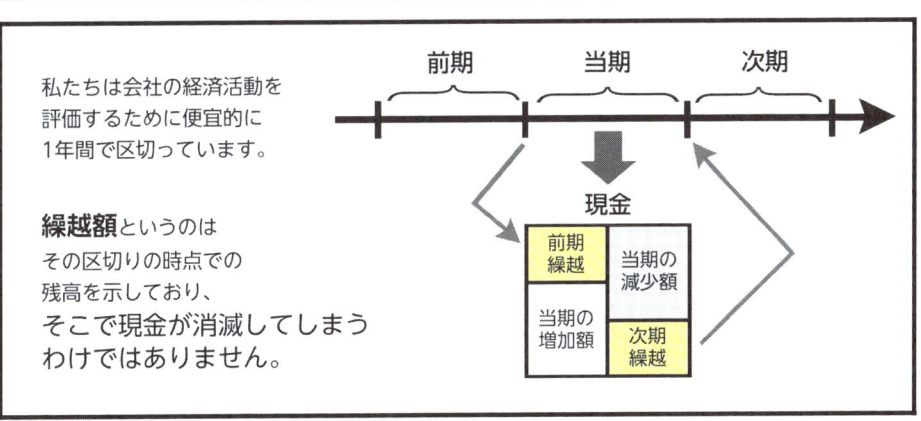

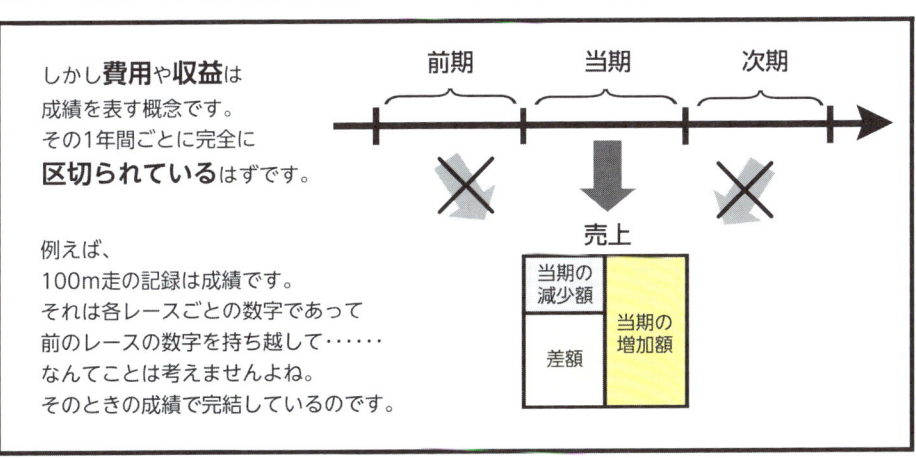

私たちは会社の経済活動を評価するために便宜的に1年間で区切っています。

繰越額というのはその区切りの時点での残高を示しており、そこで現金が消滅してしまうわけではありません。

前期　当期　次期

現金
| 前期繰越 | 当期の減少額 |
| 当期の増加額 | 次期繰越 |

しかし**費用**や**収益**は成績を表す概念です。
その1年間ごとに完全に**区切られている**はずです。

例えば、
100m走の記録は成績です。
それは各レースごとの数字であって前のレースの数字を持ち越して……なんてことは考えませんよね。
そのときの成績で完結しているのです。

前期　当期　次期

売上
| 当期の減少額 | 当期の増加額 |
| 差額 | |

2章 簿記の1年間の流れをつかもう

……で、そんな成績である利益が儲けを表すわけじゃないってどういうこと？

うん　必ずしも一致しないってことですね

利益　儲け

1章で説明したように利益というのは絶対的に正しい数字ではありません。

数字遊びと言ってしまうと語弊がありますが、見栄えをよくすることができてしまいます。

一方、「儲け」というと会計の用語というわけではありませんが、本当にビジネスが上手くいっている状態です。

具体的に言うと「現金」が確実に増加している状態です。

もちろん帳簿上の数字に過ぎなくても利益が会社の経営成績を示す重要な指標であることに間違いはありません。

ただ、言葉の意義をしっかり知っておくべきだ、という話です。

ところでインコ君「収益・費用」と「収入・支出」の違いはわかるかい？

ん？どっちもお金の出入りじゃないの？

それがちょっと違うんです

「収入・支出」は実際の現金の出入りを意味しますが、「収益・費用」は必ずしも現金の出入りは伴いません。

収入・支出‥‥‥現金の出入り
収益・費用‥‥‥現金とは限らない

例えば、八百屋さんがツケでレストランに野菜を卸したとします。

するとこんな風に収益と収入が時期的に食い違うことになります。

5/20　この期間食い違う　6/20

レストランに販売（収益）　　現金回収（収入）

2章 簿記の1年間の流れをつかもう

> このズレは長〜い目で見れば、ほぼ無視できる程度に小さくなりますが、

> 実務的には気を配らなければならない点です

> なぜならこれが**黒字**(利益は出ている)なのに**倒産**してしまう原因になるからです。

黒字達成 !? ? 会社 ガラガラ

収益の発生が利益の増加を意味しますが、現金を回収する前に後払いで商品を購入した支払い期日が到来し、その時点で現金残高が足りなければ倒産の憂き目にあいます。

将来お金が入るから、といった言い訳はききません。

```
        4/30         5/20         5/31         6/20
─────────┼────────────┼────────────┼────────────┼──────▶
       商品を       レストラン    仕入先に     レストランから
     5/31の後払いで   に販売      現金支払い     現金回収
       仕入れる    (500円収益)   (200円支出)   (500円収入)
    (200円後払い)  (200円費用)
```

収益		500		
費用		200		
利益		300		
現金残高	100	100	-100 (100-200)	400

利益は「+」ですが現金が「-」になり、ここで倒産してしまうかもしれません。

> もちろんツケではなく、現金売りをすれば収益と収入の時期は一致しますけどね

> 最後に大事な話。
> **費用と収益は対応**しています。
> これは覚えておきましょう。

> お金を払うと費用になる、そんなイメージがありますが、<u>収益と関係のない出費は費用にはなりません</u>

> この考え方がわかると今後の簿記の学習がとてもスムーズになると思います

> 詳細は後述しますがとりあえずそんなもんだと思っておいてください

費用 ◀対応▶ **収益**

押さえておきたい「収益」と「費用」の話

　収益・費用は一定期間の儲けや損を構成する要素です。
　収益と費用の差額がプラスであれば利益、マイナスなら損失と呼びます。
　さて、ここでめちゃくちゃ大事な話をしましょう。あまり簿記の入門書には書かれていないことなのですが、知っておくと今後の簿記の学習がスムーズに進みます。ぜひとも押さえていただきたいのは次の2点です。

1. そもそも収益・費用とは何なのか
2. 収益・費用はいつ認識するのか

1. そもそも収益と費用とは何なのか

　収益は単純です。資産を獲得する原因となる活動や事象と考えればいいでしょう。個人レベルで考えれば、給料や預金の利息などが収益に該当します。これらによってお金などが入ってくるわけです。

　次は費用です。これは例を挙げて考えてみましょう。
　例えば、緊急時のため缶詰を買ったとします。心配性のあなたは全部で100個の缶詰を一度に買い込みました。テレビで災害番組を見て影響されたのかもしれません。もちろん保存用なので食べてはいません。
　この缶詰の購入代金は費用になるでしょうか？
　今月の食費にしますか？

　これは会計上、費用ではなく資産にするほうが正しいでしょう。
　なぜか？　それは費消して（使って）いないからです。
　費用とはものやサービスを費消することで発生すると見なします。
　何かを買っただけでは費用にはならないのです。食料品を買った。そしてそれを食べてはじめて食費に計上するわけです。
　まぁ、金額が小さければ買った時点で費用にしても問題はないのでしょうが、厳密に言うとそうなのです。

2. 収益・費用はいつ認識するのか

　収益・費用の認識時期に関する考え方は2種類あります。

　例えば、私たちが4月にクレジットカードを使って外食をして、6月にその代金が預金から支払われた場合。この代金は食費になるはずですが、何月に計上するのが正しいでしょう？　2通りの答えが考えられます。

　1つは6月分の食費（費用）として家計簿に記入する方法。

　これは現金の出入り、つまり収入・支出があった時に収益・費用が生じたとみなす考え方です。これを**「現金主義会計」**と呼びます。

　もう1つの考え方は、外食をした4月の食費とする方法です。

　これは収入・支出そのものではなく、収入・支出を生じさせる原因が発生した時に収益・費用が生じたと見なします。これを**「発生主義会計」**と呼びます。一昔前までは「現金主義会計」が用いられていたのですが、後払いが広く利用されている現代において「発生主義会計」のほうが一定期間の損益計算を正しく示していると言えます。

　蛇足ですがもう少し説明すると、発生主義会計は「実現原則」、「発生原則」、「対応原則」という3つの考え方からできています。覚える必要は全くありませんが知っておくと理解が深まると思います。

　実現原則は収益の認識時期に関する考え方で、収益は実際に商品を提供し、その対価として貨幣性資産を得た時点で計上すべきだとするものです。仮に売買契約を結んで確実に商品を販売できるとしても、まだ顧客に商品を引き渡していないのであれば、収益を計上してはいけないのです。未実現の収益を計上することを禁じているのがこの原則です。

　発生原則は費用の認識時期に関する考え方で、これは費消が起きたときに費用が発生したとみなすものです。ただ、後の3章で説明する引当金のように、見積もりの（実現していない）段階で費用計上することがあり、この点が収益と費用との大きな違いです。

　対応原則は収益と費用は対応するという考え方です。費用は収益を獲得するために要した資産の減少と捉えます。会社員である私の4月の食費や住居費は4月の給与を獲得するために要した費用と考えるわけです。対応する収益と費用を用いて計算するから正確な損益が求められるのです。

コラム②

■決算書はいろいろなところから要求される？

　会社の成績表は利害関係者に提示されます。ところで具体的にどこから提示を要求されるのでしょう？

　取引相手、債権者、地域住民などが個別に「こんな様式の成績表をつくって見せてください」と言ってくるわけではありません。もっと別のところから、しかも複数から作成することが義務づけられていて、その決まりに則っているのです。詳しくは、以下の通りです。

法律及び組織	開示及び提出物の名称	内容
会社法	決算公告	計算書類（財務諸表と同意）＋α
金融商品取引法	有価証券報告書	財務諸表＋α（かなり分量があります）
税法	確定申告書	法人税算出のための書類群
証券取引所	決算短信	財務諸表（最も早く公開されるので重宝されます）

　会社の成績表は「企業活動の成績を示す表」と「財産の状態を示す表」など複数の表から構成されており、これを「決算書」や「財務諸表」と呼びます。

　会社法はすべての株式会社に適用され、その財務諸表を公開することを決算公告と呼びます。近年は自社サイト上で開示している会社が多いようです。規模が小さい会社では「財産状態を示す表」だけでもよいとされます。

　金融商品取引法は上場会社（広く不特定多数から出資を募っている会社）に適用され、相当な分量の資料を提出する義務があります。

　税法の確定申告書は公開するものではありません。納付すべき法人税の計算のため国税庁に提出する書類です。

　決算短信は上場会社が証券取引所から作成を要求される決算速報です。期末から１か月半程度で作成されるので（有価証券報告書は期末から３か月以内）かなり早い段階で会社の成績を知ることができ、投資家等に重宝されています。

■会計処理の原則群

　会計世界は「会計公準」によって成っています。しかし、会計公準は大前提であり、これだけでは実際の取引をどのように帳簿に記録していけばいいのかがわかりません。そこで、もう少し具体的な決まりごとをつくります。これを**「会計原則」**と呼びます。

　そこからさらに1つひとつの取引に対する計算方法、処理方法を規定したのが「会計手続」です。

　ここでは会計原則について軽く触れます。

　覚える必要はありませんが、特に重要なものを示しますので軽く眺めてください。

真実性の原則	財務諸表の作成に関して相対的に（決められた範囲内での）真実の報告を提供する（ただし、絶対的な真実ではありません）。
正規の簿記の原則	複式簿記のしくみに従い、正確な会計帳簿を作成し、そこから財務諸表を作成する。
資本と利益の区別の原則	通常のビジネスによるものを損益取引と呼び、資本取引とは資本金、資本剰余金の動きを指す。損益⇒資本や、資本⇒損益の動きを禁じている。
明瞭性の原則	利害関係者に対して明瞭に表示し、判断を誤らせてはいけない。
継続性の原則	1つの会計事実に対して複数の会計処理が認められている場合、一度選択した会計処理を頻繁に変更してはいけない。
保守主義の原則	予測される将来の危険に備えて利益が小さくなるようにする。予想の損失は計上し、予想の利益は計上しない。
単一性の原則	財務諸表はいろいろな様式が要求されるため表現の仕方も多様だが、その元となる資料は単一でなければならない。
重要性の原則	利害関係者の判断を誤らせない範囲内であれば簡便に表示してもよい。
費用収益対応の原則	「収益」と「収益を獲得するために要した費用」とを対応させて当期純利益を計算する。

5つのグループとそこに属する勘定科目の例

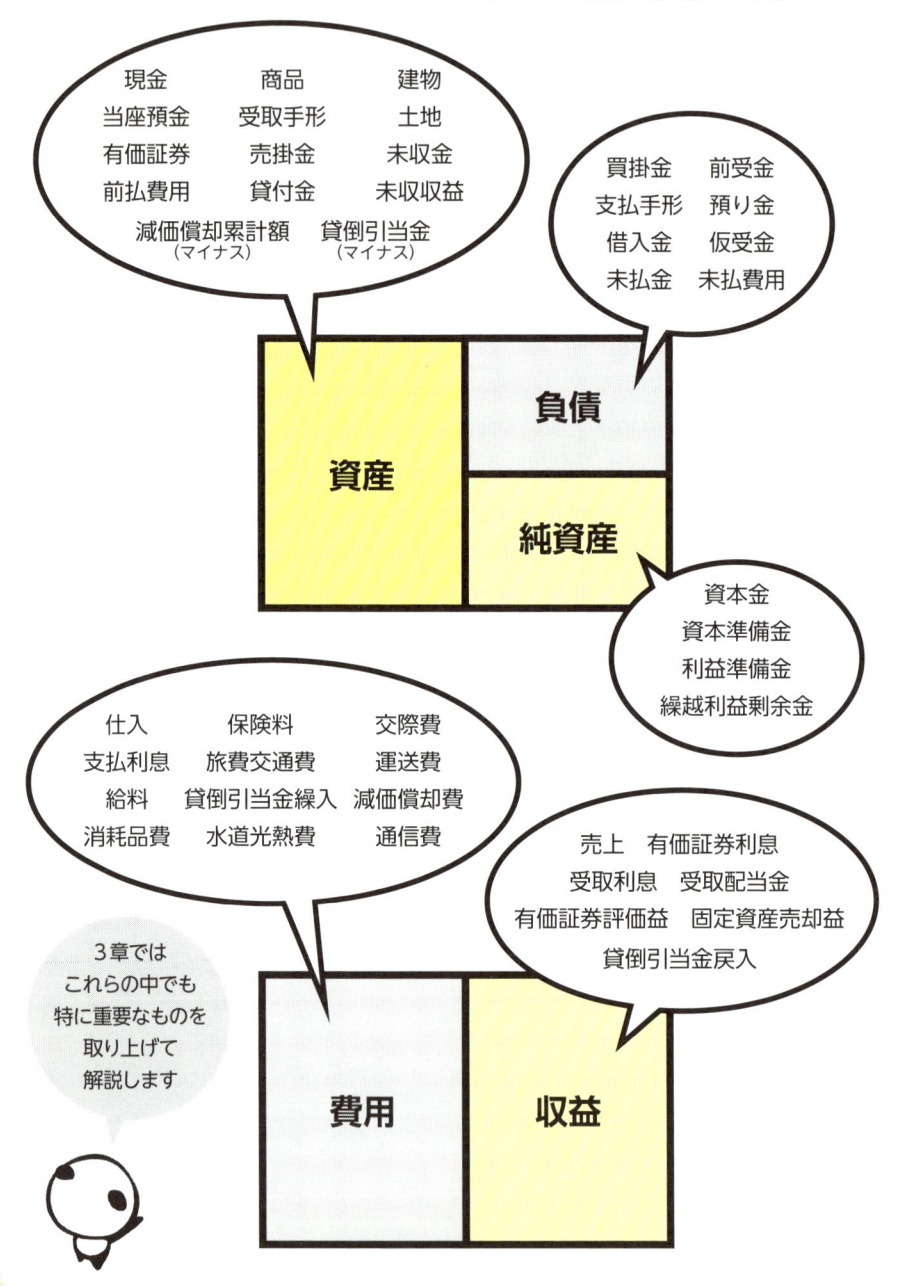

資産
- 現金　商品　建物
- 当座預金　受取手形　土地
- 有価証券　売掛金　未収金
- 前払費用　貸付金　未収収益
- 減価償却累計額（マイナス）　貸倒引当金（マイナス）

負債
- 買掛金　前受金
- 支払手形　預り金
- 借入金　仮受金
- 未払金　未払費用

純資産
- 資本金
- 資本準備金
- 利益準備金
- 繰越利益剰余金

費用
- 仕入　保険料　交際費
- 支払利息　旅費交通費　運送費
- 給料　貸倒引当金繰入　減価償却費
- 消耗品費　水道光熱費　通信費

収益
- 売上　有価証券利息
- 受取利息　受取配当金
- 有価証券評価益　固定資産売却益
- 貸倒引当金戻入

3章ではこれらの中でも特に重要なものを取り上げて解説します

3章
八百屋さんの商売から仕訳を学ぼう

00　3章の概要

3章では簿記の**基礎的な仕訳に**ついて学んでいきましょう

基本的な**仕訳**

簿記は会社の活動を記録する技術です。

その基礎を学ぶわけですので、ここで着目するのは基本的な企業活動になります。

八百屋さんの商売を例にとって見てみましょう

八百屋さんは農家さんから野菜や果物を仕入れ最終消費者である私たちに販売します。

仕入れて販売する
これが会社の基本的な活動です。

農家 → 買う → 八百屋 → 売る → 消費者

つまり基本的な簿記の学習範囲は**「仕入れて販売する」**ことに関することが大部分です。

商品売買

本書では**商品売買**の取引やそれに付随する**対価**についての話が6割くらいの分量になります。

現金払い
後払い

他には八百屋さんを運営するためには店舗や車が必要です。

ですから**建物や車、投資**についても学習します。

また店の資金のやりくりも考えなければいけません。

ですから**借金**についても学びます。

銀行

その他もろもろ八百屋さんが行う取引を通して具体的な仕訳を学んでいきましょう

よろしく

3章で学ぶ勘定科目

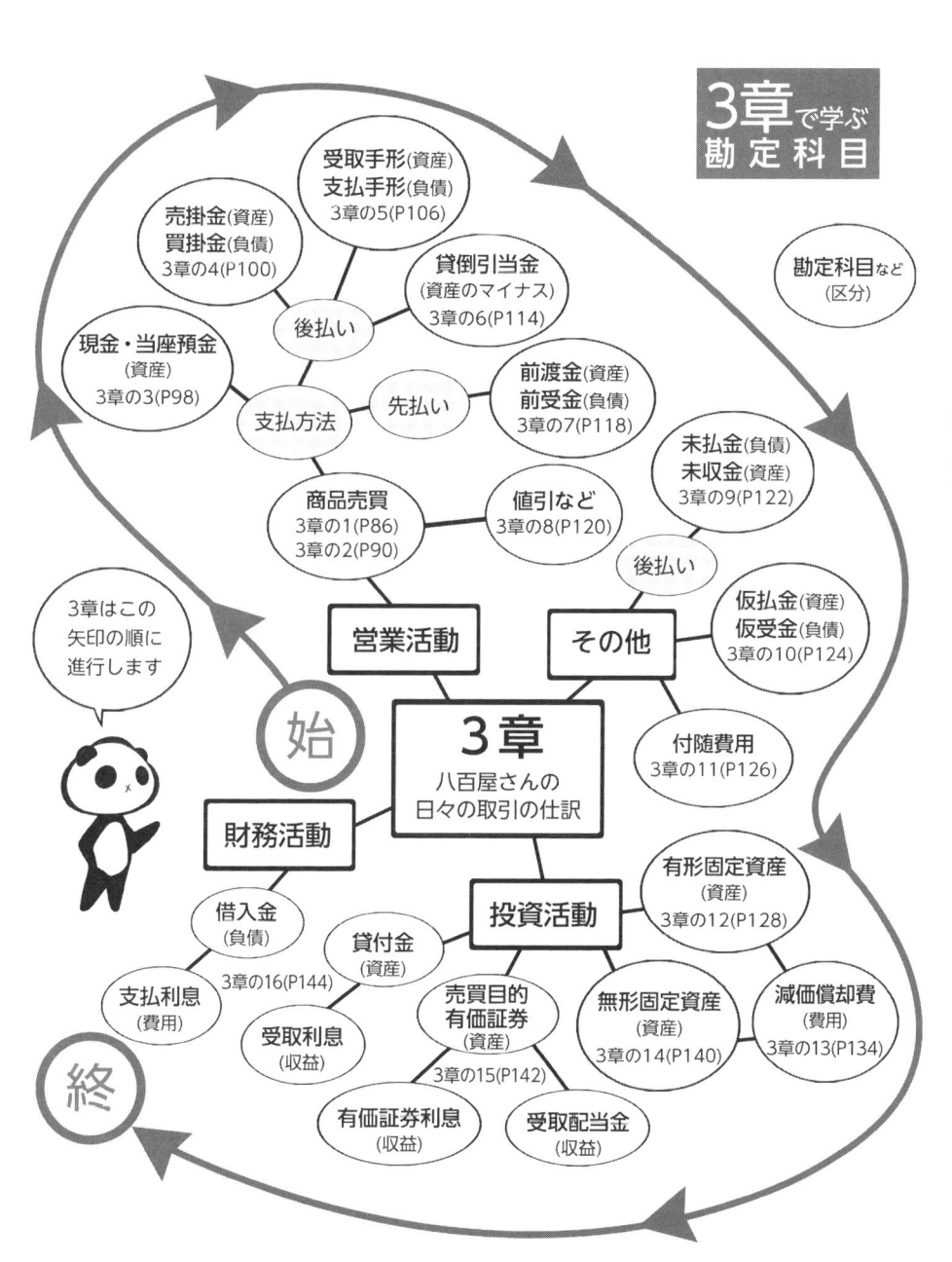

3章　八百屋さんの商売から仕訳を学ぼう

3章はこの矢印の順に進行します

始 → 3章　八百屋さんの日々の取引の仕訳

営業活動

- 現金・当座預金(資産) 3章の3(P98)
- 売掛金(資産) 買掛金(負債) 3章の4(P100) ─ 後払い
- 受取手形(資産) 支払手形(負債) 3章の5(P106)
- 貸倒引当金(資産のマイナス) 3章の6(P114)
- 前渡金(資産) 前受金(負債) 3章の7(P118) ─ 先払い
- 支払方法
- 商品売買 3章の1(P86) 3章の2(P90)
- 値引など 3章の8(P120)

その他

- 未払金(負債) 未収金(資産) 3章の9(P122) ─ 後払い
- 仮払金(資産) 仮受金(負債) 3章の10(P124)
- 付随費用 3章の11(P126)

投資活動

- 有形固定資産(資産) 3章の12(P128)
- 減価償却費(費用) 3章の13(P134)
- 無形固定資産(資産) 3章の14(P140)
- 売買目的有価証券(資産) 3章の15(P142)
- 貸付金(資産)
- 受取利息(収益)
- 有価証券利息(収益)
- 受取配当金(収益)

財務活動

- 借入金(負債) 3章の16(P144)
- 支払利息(費用)

勘定科目など(区分)

終

参考資料 代表的な勘定科目一覧

区分	勘定科目	説明
資産	現金	貨幣、紙幣および現金と同等と考えられるもの
	当座預金	銀行の決済用の口座
	普通預金	銀行の普通預金
	売買目的有価証券	短期的価格変動により利益を得る目的の有価証券
	受取手形	他者が振り出した手形を受け取ったもの
	売掛金	本業での売上の後払い
	商品	本業で売買する品物・サービス
	貯蔵品	消耗品のうち使用しなかった分
	前払費用	すでに計上した費用のうち当期に属さないもの
	貸付金	他者に貸しているお金
	未収入金	未回収の債権。本業以外の後払いに対して使用
	未収収益	経過勘定の1つ。当期に発生したと考えられる収益
	仮払金	原因や金額が不明なまま現金を支払った金額
	立替金	誰かの支払いを立て替えた場合の資産
	建物	建物の帳簿上の価値
	機械装置	機械装置の帳簿上の価値
	車両運搬費	車の帳簿上の価値
	土地	土地の帳簿上の価値
	貸倒引当金	債権のうち将来貸倒れる見積額（資産のマイナス）
	減価償却累計額	減価償却資産の償却の累計額（資産のマイナス）
負債	支払手形	他者に振り出した手形
	買掛金	本業での仕入れに対する後払い
	借入金	他者から借り入れたお金
	未払金	未払の債務。本業以外の後払いに対して使用
	未払費用	当期に発生したと考えられる費用
	前受金	商品を提供する前に受け取った対価
	預り金	従業員の所得税など預かっているお金
	仮受金	原因や金額が不明なまま現金を受け取ったお金
純資産	資本金	株主からの出資金
	資本準備金	株主からの出資金のうち資本金にしなかった分

区分	勘定科目	説明
純資産	利益準備金	維持すべき資本の一部。配当する際増加する
	繰越利益剰余金	今までの利益の内部留保額
収益	売上	本業の商品を販売した金額。単価×数量
	受取利息	利息の受取額
	貸倒引当金戻入益	予想した貸倒れが起きなかった分、費用を取り消す
	受取配当金	株式に対する配当の受取額
	有価証券利息	債券に対する受取利息
	有価証券売却益	有価証券を売却して発生した利益
	固定資産売却益	固定資産を売却して発生した利益
費用	仕入	本業の商品の仕入れ額
	支払利息	支払った利息
	給料	従業員に対する給与
	賞与	ボーナスなど
	法定福利費	各種社会保険等
	水道光熱費	水道や電気、ガスなどの料金
	賃借料	土地、建物、機械などの賃料
	保険料	生命保険や損害保険などの保険料（掛金）
	租税公課	税金の支払い
	旅費交通費	交通費や出張旅費など
	通信費	電話やインターネット代
	消耗品費	テープなど消耗する物品の消費額
	交際費	取引相手、社内の人間に対する接待、供応等
	運送費	運送費
	宣伝広告費	広告費など会社の宣伝のための出費
	減価償却費	古くなって価値が減った分の費用 （詳しくは3章の13参照）
	会議費	会議等で要したお金
	貸倒引当金繰入	貸倒れが見込まれるものについての費用
	有価証券売却損	有価証券を売却して発生した損失
	固定資産売却損	固定資産を売却して発生した損失

01 商品売買①

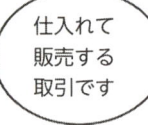

「仕入れて販売する取引です」

「ビジネスの基本と言えばやっぱり商品売買ですね」

まいど〜

誰かが生産したものを購入して
それに利益を上乗せして
他の人に売る。
これが最も単純な商売です。

農家 →買う→ 八百屋 →売る→ 消費者

極端な話、中世の大航海時代に
船乗りたちが命がけでアジアから
香辛料を仕入れてヨーロッパで
販売していたのも、
現代の八百屋さんがやっていることも
形態としては同じことです。

この**商品を買って売る**という
経済活動を複式簿記では
どのように表現するのか、
それを学んでいきましょう

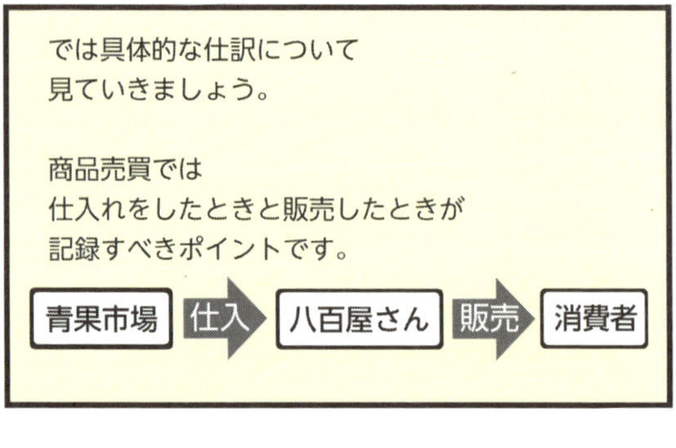

では具体的な仕訳について
見ていきましょう。

商品売買では
仕入れをしたときと販売したときが
記録すべきポイントです。

青果市場 →仕入→ 八百屋さん →販売→ 消費者

商品を仕入れたり販売するときの仕訳は

「商品」という資産に属する勘定を用います

そのまんまだね

野菜であれ、電化製品であれそれを仕入れ、販売するのであれば物品の種類を問わず「商品」という勘定を用います。

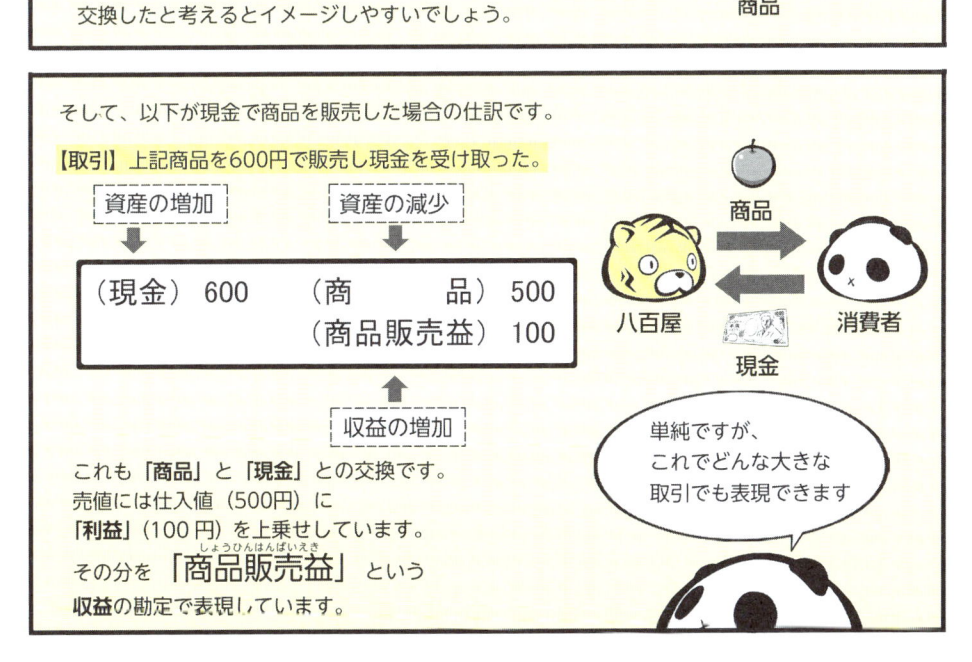

3章 八百屋さんの商売から仕訳を学ぼう

八百屋さんが現金で商品を仕入れる場合の仕訳は以下のようになります。

5つのグループ図を思い出して書こう！

【取引】商品500円を現金で仕入れた。

（商品）500　（現金）500

資産の増加　　資産の減少

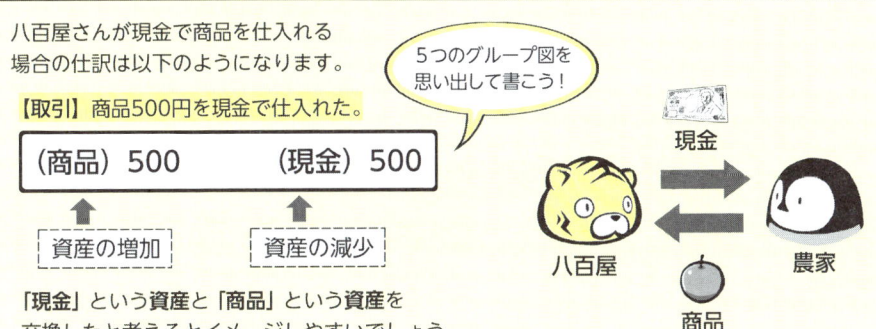

「現金」という**資産**と「商品」という**資産**を交換したと考えるとイメージしやすいでしょう。

そして、以下が現金で商品を販売した場合の仕訳です。

【取引】上記商品を600円で販売し現金を受け取った。

資産の増加　　資産の減少

（現金）600　（商　品）500
　　　　　　　（商品販売益）100

収益の増加

これも「**商品**」と「**現金**」との交換です。
売値には仕入値（500円）に
「**利益**」（100円）を上乗せしています。
その分を「**商品販売益**（しょうひんはんばいえき）」という
収益の勘定で表現しています。

単純ですが、これでどんな大きな取引でも表現できます

87

具体的な仕訳

この項で覚える勘定科目
商品（資産）、商品販売益（収益）

商品を仕入れた場合

【取引】商品を 500 円で仕入れて、代金を現金で支払った。

【仕訳】

（商品）500	（現金）500
↑	↑
資産の増加	資産の減少

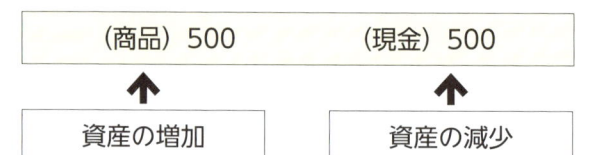

【説明】現金という資産と商品という資産を交換しています。

商品を販売した場合

【取引】上記商品を 600 円で販売して、現金で代金を受け取った。

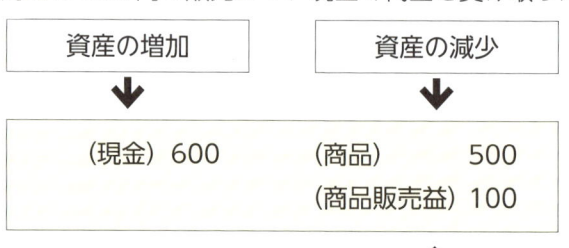

【仕訳】

資産の増加	資産の減少
↓	↓

（現金）600	（商品） 500
	（商品販売益）100
	↑
	収益の増加

【説明】商品（資産）を売って現金（資産）を受け取ります。差額（600 － 500=100）が商品販売益（収益）として計上されています。

■商品を現金で仕入れて売る（分記法編）

　ビジネスの基本は商品売買です。商品を仕入れ、それを販売する。この2つの時点で帳簿に記録します。

　仕入れでは現金という資産と商品という資産とを交換し、販売ではその商品に利益を上乗せして現金と交換しています。上乗せした分が収益として計上されます。

　商品を仕入れて販売する取引のみに着目して財産の状態、経営成績の推移を以下に示します。左のページの仕訳を表しています。

❶ 商品を仕入れる前

資産		負債	
現金	500		
		純資産	

費用		収益	

❷ 商品を仕入れた状態

資産		負債	
商品	500		
		純資産	

費用		収益	

❸ 商品を販売した状態

資産		負債	
現金	600		
		純資産	

費用		収益	
		商品販売益	100

　この仕訳は直感的に理解できるのではないでしょうか。

　とても単純なのですが、実際にはこの仕訳方法はあまり利用されていません。理由は面倒だからです。詳しくは次項で見てみましょう。

02 商品売買②

商品売買のもう1つの仕訳を学びましょう

デジャブ？

3章の1で商品売買の仕訳の説明をしましたが、この項ではもう1つの方法を学びましょう

もう1つ!?

仕入れ　販売

商品売買の仕訳は2通りあり、3章の1で学んだ仕訳は「分記法」と言って、あまり使われていない方法です。

今回学ぶ「三分法」が広く用いられています。

ん？

さっきはマイナーな仕訳をわざわざ勉強したの？

うん

理由は仕訳が理解しやすいからです

正直な話、この項で学ぶ仕訳は理解しにくいです。

なのでマイナーだけれども理解しやすい「分記法」でまず商品売買の概要を理解してもらいました。

ちょっと難解

まぁ理解しにくいと言っても扱う勘定科目が違うくらいで結果は前項と同じになるので慣れてしまえばどうということはありません。

さて、まず仕訳の説明をする前に商品売買の前提をもう一度押さえましょう。

商品は売れたものだけが費用になる

これはしっかり覚えておいてください

費消したものだね

三分法で用いる勘定科目は「仕入」「売上」「繰越商品」の3つです。

この3つを用いるので三分法と呼ばれます。

| 仕入 | 売上 | 繰越商品 |

次に三分法の仕訳を示します

3章の1の仕訳と比較してみてください

結構違うね

八百屋さんが現金で商品を仕入れる場合の仕訳は以下のようになります。

【取引】商品500円を現金で仕入れた。

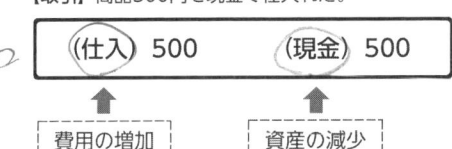

（仕入）500　　（現金）500

↑費用の増加　　↑資産の減少

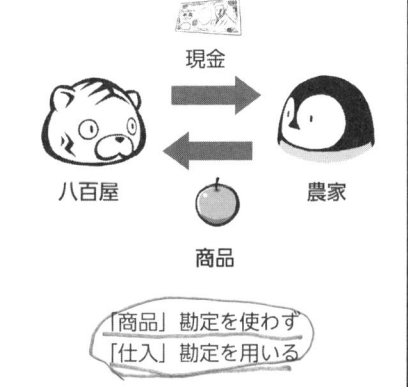

商品を仕入れるとその金額を**費用**である「**仕入**」勘定に計上します。
この「仕入」はとりあえず一時的に費用にしている、と考えるとよいです。

現金　八百屋 ⇄ 農家　商品

「商品」勘定を使わず「仕入」勘定を用いる

そして以下が現金で販売した場合の仕訳です。

【取引】上記商品を600円で販売し現金を受け取った。

（現金）600　　（売上）600

↑資産の増加　　↑収益の増加

商品を販売して受け取る代価を
収益である「**売上**」勘定に計上します。
この仕訳では、売った商品が減ったとか
どれだけ利益が発生した、などは
考慮していません。

販売時の仕訳では商品のことは考慮されていません

商品　八百屋 ⇄ 消費者　現金

販売した金額をすべて「売上」勘定に計上

3章　八百屋さんの商売から仕訳を学ぼう

？

商品を買ったときには「資産」の「商品」じゃなくて「費用」の「仕入」にするの？

うん、一時的にね

さっき売れたものだけが費用になるって言ってたけど仕入れた時点で費用にしてるのは……？

だから一時的にね

この仕訳では仕入れた商品を一旦費用として処理しています。

しかし、当然ながらこのままでは正しい利益計算ができません。

仕入れた商品のうちどれだけ売れたか、売れ残ったかを把握しなければなりません。

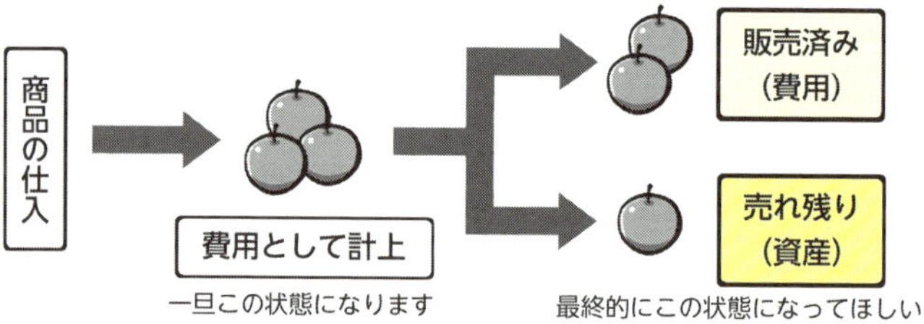

商品の仕入 → 費用として計上 → 販売済み（費用） / 売れ残り（資産）

一旦この状態になります　　最終的にこの状態になってほしい

売れた分だけを費用にするためにはどうすればよいかわかりますか？

ヒントはこの図です

……
売れ残りを費用から資産にするのかな？

その通り！

期末に在庫がある場合の仕訳は次の通りです。

【取引】 期末商品棚卸高が100円あった。

（繰越商品）100　　（仕入）100

資産の増加　　費用の減少

売れ残った商品を**資産**である**繰越商品**という勘定に計上し、その分を仕入勘定から減少します。

仕入れた商品すべてが費用となっているので、そのうち費用に該当しない在庫分を期末に除外することで、**売れた分だけが費用となります**

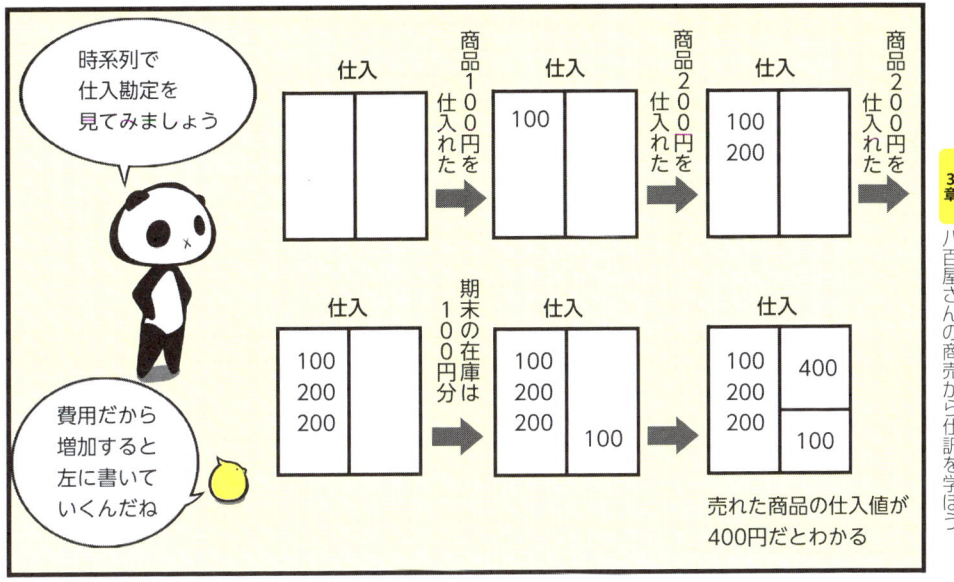

時系列で仕入勘定を見てみましょう

費用だから増加すると左に書いていくんだね

仕入	

商品100円を仕入れた

仕入	
100	

商品200円を仕入れた

仕入	
100	
200	

商品200円を仕入れた

仕入	
100	
200	
200	

期末の在庫は100円分

仕入	
100	
200	
200	100

仕入	
100	400
200	
200	100

売れた商品の仕入値が400円だとわかる

(繰越商品) 100　　(仕入) 100

仕入	
100	
200	
200	100

ふむふむ この仕訳で在庫分を**費用**から減らしているんだね

そして差額が売れた商品の仕入値(原価と呼びます)に相当するわです

仕入	
100	400
200	
200	100

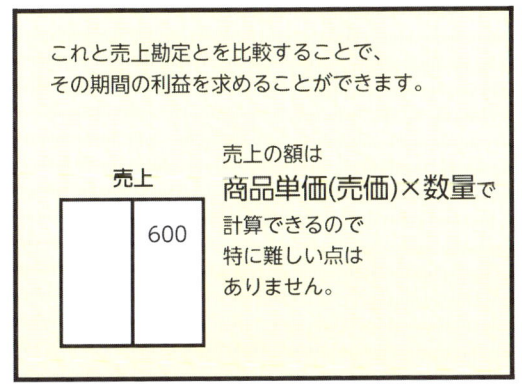

これと売上勘定とを比較することで、その期間の利益を求めることができます。

売上	
	600

売上の額は **商品単価(売価)×数量** で計算できるので特に難しい点はありません。

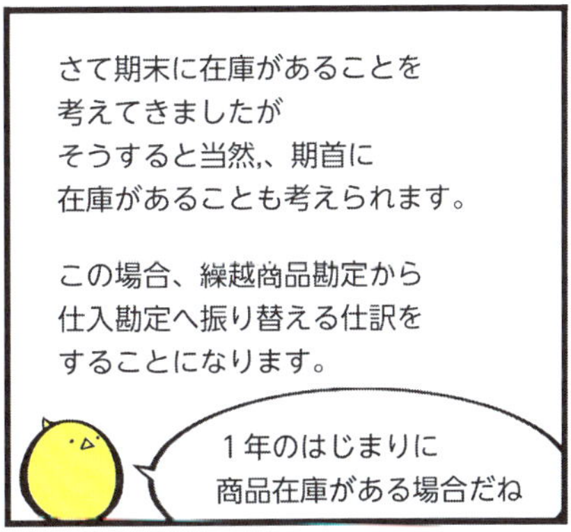

さて期末に在庫があることを考えてきましたがそうすると当然、期首に在庫があることも考えられます。

この場合、繰越商品勘定から仕入勘定へ振り替える仕訳をすることになります。

1年のはじまりに商品在庫がある場合だね

3章 八百屋さんの商売から仕訳を学ぼう

期首に在庫がある場合の仕訳は次の通りです。

【取引】期首商品棚卸高が200円あった。

(仕入) 200　　(繰越商品) 200

↑費用の増加　　↑資産の減少

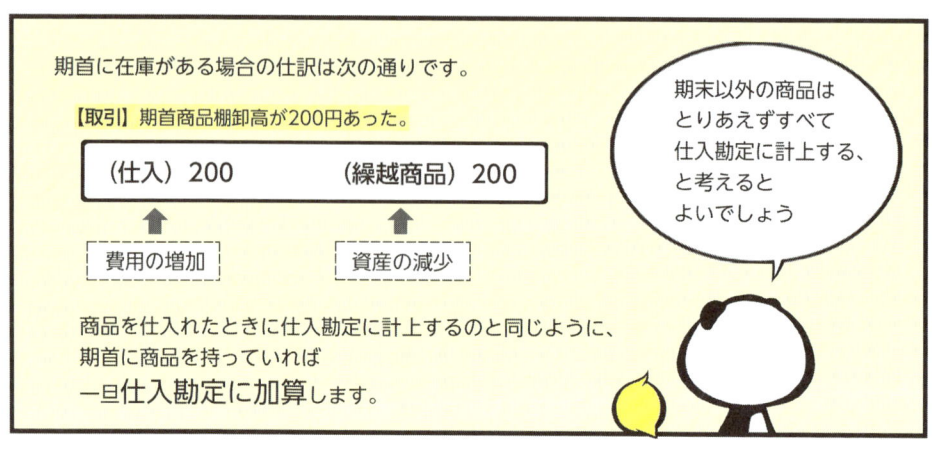

商品を仕入れたときに仕入勘定に計上するのと同じように、期首に商品を持っていれば
一旦仕入勘定に加算します。

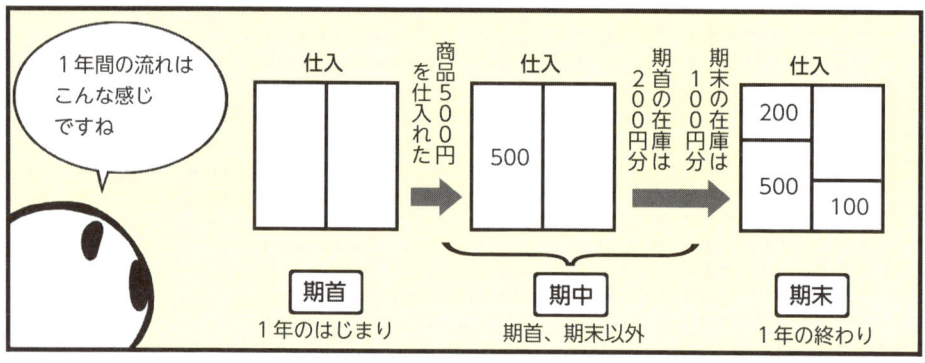

> 期末以外の商品はとりあえずすべて仕入勘定に計上する、と考えるとよいでしょう

> 1年間の流れはこんな感じですね

仕入

商品500円を仕入れた →

仕入　500

期首の在庫200円分は
期末の在庫100円分は →

仕入　200 / 500 / 100

期首	期中	期末
1年のはじまり	期首、期末以外	1年の終わり

時間の流れから考えると期首棚卸高(在庫)の仕訳は期首に行うべきかもしれません。

しかし、教科書的には期末に行うことになっています。

> 以上が商品売買の仕訳です
> 仕訳の種類は4種類ですね

(仕入)	500	(現金)	500	・・・	商品の仕入
(現金)	600	(売上)	600	・・・	商品の売上
(仕入)	200	(繰越商品)	200	・・・	期首棚卸高(期首在庫)
(繰越商品)	100	(仕入)	100	・・・	期末棚卸高(期末在庫)

具体的な仕訳

この項で覚える勘定科目
仕入（費用）、売上（収益）、繰越商品（資産）

商品を仕入れた場合

【取引】商品を500円で仕入れて、代金を現金で支払った。

【仕訳】　　（仕入）500　　　　（現金）500
　　　　　　　　↑　　　　　　　　　↑
　　　　　　費用の増加　　　　　資産の減少

【説明】仕入れた商品を一旦すべて費用である仕入勘定として計上します。

商品を販売した場合

【取引】商品を600円で販売して、現金で代金を受け取った。

【仕訳】　　（現金）600　　　　（売上）600
　　　　　　　　↑　　　　　　　　　↑
　　　　　　資産の増加　　　　　収益の増加

【説明】商品を売って得た対価を収益である売上勘定として計上します。この金額は**単価×個数であり、利益ではありません。**

　商品を販売したときの仕訳では商品の減少は一切考慮していません。

期末に売れ残りがある場合

【取引】期末の商品棚卸高（在庫のことです）は＠100 × 1 個あった。

【仕訳】　（繰越商品）100　　（仕入）100

　　　　　　↑　　　　　　　　　↑
　　　　資産の増加　　　　　費用の減少

【説明】期末（1年の最終日）の商品棚卸高、つまり売れ残り、在庫のことですが、これを資産である繰越商品勘定に計上しています。

　仕入勘定には仕入れた商品すべての金額が含まれています。そこには売れ残り分も含まれています。会計の考え方では、売れ残り分は費用にはなりません。そこで、仕入勘定から在庫分を減少させます。

　結果的に「仕入」勘定（費用）から「繰越商品」勘定（資産）へ入れ替える仕訳になります。

期首に商品在庫がある場合

【取引】期首の商品棚卸高は＠100 × 2 個あった。

【仕訳】　（仕入）200　　（繰越商品）200

　　　　　　↑　　　　　　　　　↑
　　　　費用の増加　　　　　資産の減少

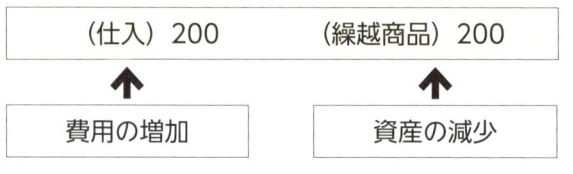

【説明】期首（1年の最初の日）の商品棚卸高を仕入勘定に入れ替えています。

　売り上げた商品の原価は（仕入れた金額）、所有している商品から売れ残りを引いて計算します。所有している商品の金額は、期首に所有している商品と期中に仕入れた商品の合計額です。

　三分法では商品の仕入分を仕入勘定で表現しているので、期首の商品棚卸高を仕入勘定に加算する処理をしています。

■商品を現金で仕入れて売る（三分法編）

　商品売買には仕訳の方法が2種類あります。3章の1で学んだ「分記法」と、この項で学んだ「三分法」の2つです。
　分記法は感覚的に理解しやすい仕訳です。それに商品を販売するごとに利益が計算できて、便利な記帳法に思えます。
　一方、三分法はいろいろな仕訳をしなければ利益計算ができません。「仕入」、「売上」なんて勘定科目で仕入れと販売をバラバラに扱っているから、期末に改めて原価（売れた商品の仕入金額）を求める仕訳をしなければいけません。理解するのにも少々骨が折れそうです。
　にもかかわらず、一般的に広く用いられているのは三分法です。簿記検定でも特に指示がなければ、三分法を使います。

　なぜでしょう？
　なぜ面倒くさそうな方法がわざわざ利用されているのでしょうか？

　理由は分記法のほうが面倒だからです。なにやら矛盾したことを言っている気もしますが、間違いではありません。
　分記法は仕訳のたびに逐一利益が算出され、一見詳しい情報が得られて便利な気もしますが、これがクセ者です。ぶっちゃけ、==取引のたびに利益を算出するのは非常に面倒==なのです。
　取引なんて1年間に何千件、大企業なら何万件とあることでしょう。そのたびに、「この取引で2,000円の利益」「この取引で500円の利益」「この……」なんてことをやっていたら、気が狂ってしまいそうです。

実務上面倒なことは、なるべくやりたくありません。

　三分法では取引のたびに利益を算出することはありません。期末に一度計算してやればいいだけです。こちらのほうが断然楽じゃないですか？
　それに計算の正確さだって大差ありませんし。
　そんなわけで広く採用されているのは三分法なのです。

03 現金・当座預金

一番馴染み深い対価ですね

何かを買ったり売ったりする際には対価が必要です

今回はその中の**現金や預金**について学びましょう

「現金」というと私たちが普段使用している紙幣や貨幣を想像しますが、簿記における「現金」はもう少し範囲が広く、**「通貨代用証券」**と呼ばれるものも「現金」として扱います。

= 通貨代用証券

通貨代用証券、つまりお金の代わりになる証券ってことですぐに現金に交換できる紙ペラだとイメージするとよいでしょう。

例えばこんなのがあります

1) 他人振出小切手
2) 郵便為替証書
3) 配当金領収証

一方預金ですが、会社には**当座預金**という特殊な預金があります。

個人と同様、普通預金や定期預金もあります

当座預金

当座預金というのは決済(お金の支払い)専用の口座で小切手や手形を使うことができます。(手形については後述します)

その代わり、お金を入れておいても利息がつきません。

決済用

もちろん小切手、手形だけでなく銀行振り込みもできますし、取引相手からの振り込みも受けられるのでとにかく売買の代金のやり取りを行うメイン口座となります。

頻繁に出入りがあるんだね

【取引】当座預金から現金100円を引き出した。

(現金) 100 (当座預金) 100

資産の増加　　資産の減少

現金と当座預金の勘定科目は「現金」と「当座預金」です

そのままですね

> **具体的な仕訳**
>
> **この項で覚える勘定科目**
> 現金（資産）、当座預金（資産）

現金、当座預金を使用する場合

【取引】商品を仕入れ運送料 100 円を現金で支払い、商品代金 800 円を小切手で支払った。

【仕訳】

　　　　　　　　　　　　　　　┌─ 資産の減少 ─┐
　　　　　　　　　　　　　　　　　　↓
　　　（仕入）900　　　（現金）　　 100
　　　　　　　　　　　　（当座預金） 800
　　　　　↑　　　　　　　　↑
　　　費用の増加　　　　　資産の減少

【説明】当方が支払った小切手は、受け取った相手が銀行へ持ち込むと、こちらの当座預金から、相手に現金が支払われます。ですから小切手を振り出した（発行した）場合、当座預金が減少します。

■いろいろな「通貨代用証券」

小切手は、振り出した人が記載された金額を支払うことを約束した証券です。現金を持ち運ぶよりも盗難などのリスクが低いという長所がありますが、日本では使用される頻度はそれほど高くないようです。

通貨代用証券の**他人振出小切手**というのは、他の人が振り出した（発行した）小切手を指します。これは銀行へ持っていくと現金と交換してもらえるので簿記上「現金」として扱います。郵便局でお金を送付する目的で発行される**郵便為替証書**、所有する株式に対する配当金を得られる**配当金領収証**の2つは、郵便局で現金と交換できます。

自分で振り出した小切手は「当座預金」勘定から出ていきますが、他の人が振り出した小切手を受け取ったときは「現金」勘定に加算されます。

04 掛取引（かけとりひき）

後払いの取引

後

フルーツ盛り合わせお待たせしました

お～豪華だね～

6,800円です

うん

…えっと あの パンダさん？

すたすた

ツケで

とまあ、こんな感じに会社間ではツケ(後払い)での商品売買をすることが多々あります

え～

このような後払いの取引を**掛取引**（かけとりひき）と呼びます。

掛

ツケで買ったとしても最終的にお金を払うんだよね？

そうだね

お金に払うよ

じゃあはじめから現金を払ったらいいんじゃない？

？

そう思ってしまいがちなんですが

掛取引にはちゃんと利点があります

それは資金の確保であったり資金管理の手間、支払いの手間の軽減などです。

ドドン

長所 / 利点 / メリット

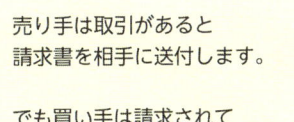

売り手は取引があると
請求書を相手に送付します。

でも買い手は請求されて
すぐに現金を支払う
わけではなく
買い手の決めた条件に
従って支払います。

八百屋（売り手）　→　請求書送付　→　消費者（買い手）
「後で払わないと」

掛取引の支払い条件(買った側がいつ現金を支払うか)は
「月末締め翌月末払い」のような表現をします。

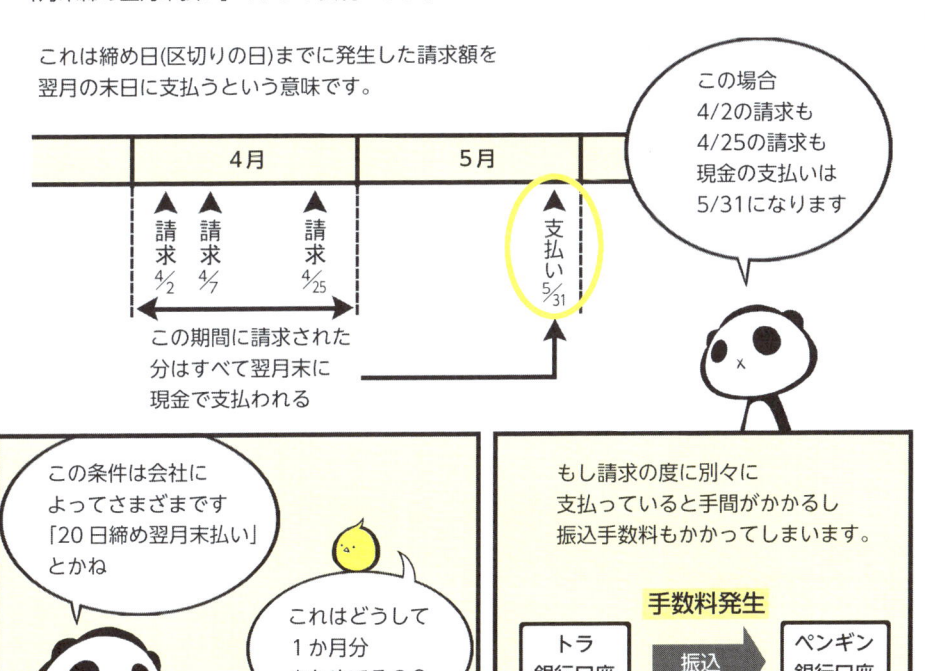

これは締め日(区切りの日)までに発生した請求額を
翌月の末日に支払うという意味です。

4月：請求 4/2、請求 4/7、請求 4/25
5月：支払い 5/31

この期間に請求された分はすべて翌月末に現金で支払われる

この場合
4/2の請求も
4/25の請求も
現金の支払いは
5/31になります

この条件は会社に
よってさまざまです
「20日締め翌月末払い」
とかね

これはどうして
1か月分
まとめてるの？

もし請求の度に別々に
支払っていると手間がかかるし
振込手数料もかかってしまいます。

手数料発生
トラ銀行口座　→振込→　ペンギン銀行口座

それに支払いの日を
まとめておくことで
出金の予定が立てやすく
資金繰りに役立ちます

3章　八百屋さんの商売から仕訳を学ぼう

売り手の立場で考えると、買い手がそれぞれの支払い条件を設定しているので、相手の締め日に応じてまとめて請求するのが一般的です。

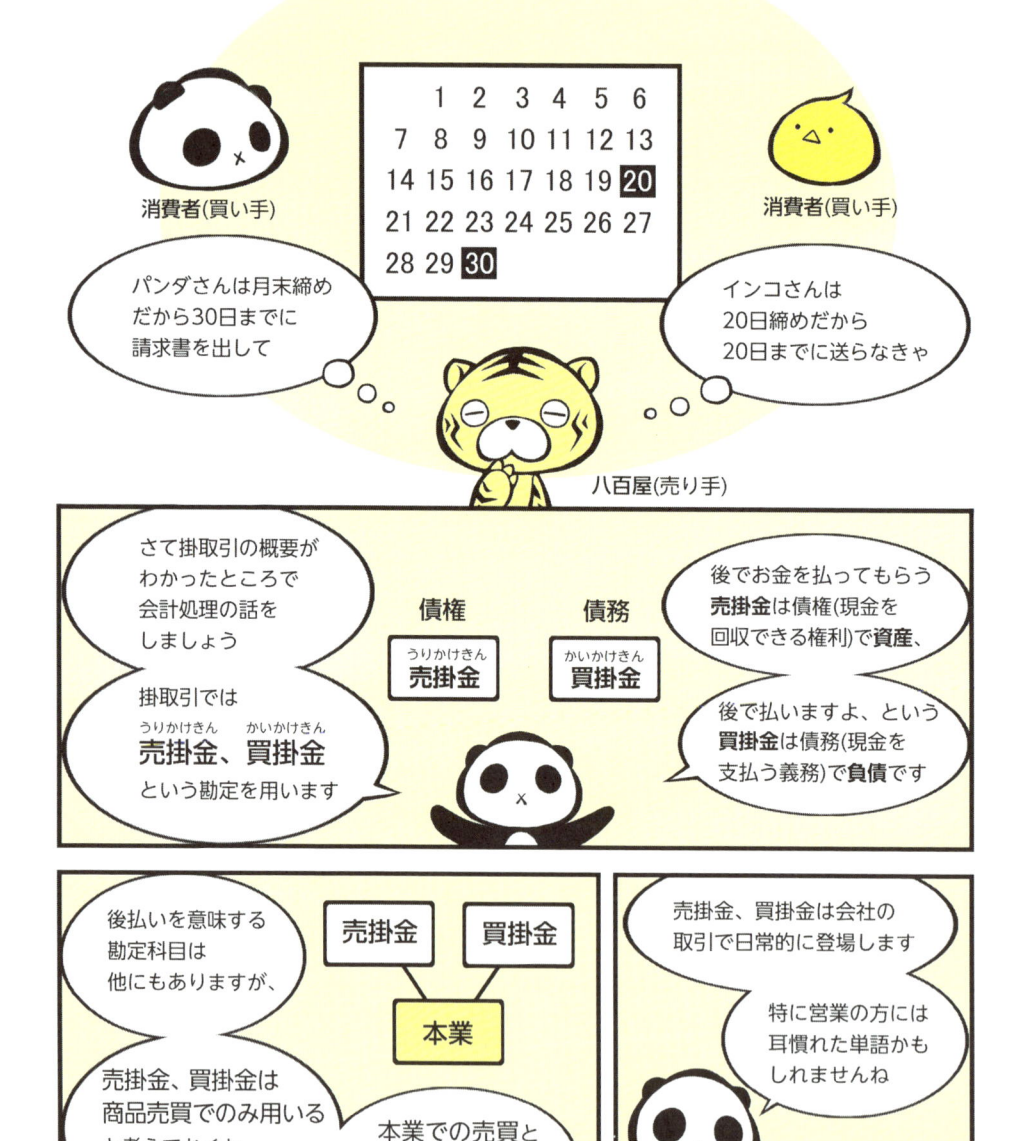

消費者(買い手)

1	2	3	4	5	6
7	8	9	10	11	12	13
14	15	16	17	18	19	**20**
21	22	23	24	25	26	27
28	29	**30**

消費者(買い手)

パンダさんは月末締めだから30日までに請求書を出して

インコさんは20日締めだから20日までに送らなきゃ

八百屋(売り手)

さて掛取引の概要がわかったところで会計処理の話をしましょう

掛取引では
売掛金、買掛金（うりかけきん、かいかけきん）
という勘定を用います

債権
売掛金(うりかけきん)

債務
買掛金(かいかけきん)

後でお金を払ってもらう**売掛金**は債権(現金を回収できる権利)で**資産**、

後で払いますよ、という**買掛金**は債務(現金を支払う義務)で**負債**です

後払いを意味する勘定科目は他にもありますが、

売掛金、買掛金は商品売買でのみ用いると考えておくとよいでしょう

売掛金 ─ 買掛金
　　　本業

本業での売買と言い換えてもいいですね

売掛金、買掛金は会社の取引で日常的に登場します

特に営業の方には耳慣れた単語かもしれませんね

具体的な仕訳

> この項で覚える勘定科目
> **買掛金（負債）、売掛金（資産）**

商品を仕入れ債務が生じた場合

【取引】商品500円を仕入れ、代金は掛（後払い）とした。

【仕訳】　　（仕入）500　　　　（買掛金）500
　　　　　　　↑　　　　　　　　　↑
　　　　　費用の増加　　　　　　負債の増加

【説明】商品を仕入れた代価を後払いにしたので、買掛金という負債、言わば借金が増加します。と言っても証書のように何か証拠となるものをやり取りするわけではなく、請求書など取引相手間での記録に過ぎません。

債務を決済した場合

【取引】買掛金500円を現金で支払った。

【仕訳】　　（買掛金）500　　　（現金）500
　　　　　　　↑　　　　　　　　　↑
　　　　　負債の減少　　　　　　資産の減少

【説明】現金を支払うことで、買掛金という債務（お金を払わなければならない義務）が消滅します。

商品を販売して債権を取得した場合

【取引】商品 600 円を売上げ、代金は掛（後払い）とした。

【仕訳】　　（売掛金）600　　　（売上）600

　　　　　　　　↑　　　　　　　　↑
　　　　　　資産の増加　　　　収益の増加

【説明】商品を販売し現金を払ってもらえる権利（債権と呼びます）を取得します。これを売掛金と言います。

債権を回収した場合

【取引】売掛金 600 円を現金で回収した。

【仕訳】　　（現金）600　　　（売掛金）600

　　　　　　　↑　　　　　　　　↑
　　　　　資産の増加　　　　資産の減少

【説明】現金を支払ってもらい、債権である売掛金が消滅します。

■**後払いのメリット**

　「後払い」というのはクレジットカードの登場により、馴染みのあるものになったのではないでしょうか。

　クレジットカードでの買い物を想像してみましょう。商品を購入するため、お店のレジで精算します。この際、提示するのはカードだけです。小銭はちょうどあるかな？　なんて確かめる必要はありません。とても時間短縮になりますし、小銭で財布がパンパンになることもありません。買い物の代金は一定期間で集計され、それがまとめて翌月または翌々月に請求され、自動的に預金から引き落とされます。

　個人がクレジットカードを使う利点は次の3つが思い浮かぶでしょう。

1）**現金を管理する手間（時間）が減少する**
　　買い物時の小銭を探す手間や財布に現金を補充するため銀行へ行く手間などです。
2）**買い物からお金を支払うまでの期間、持っていないはずのお金を利用できる**
　　これは言わば無利息で借金をしているような状態です。
3）**ポイントがつく**

　会社においても現金や預金の出し入れの手間が減らせるのは大きなメリットです。加えて、銀行振り込みの回数が減れば振込手数料も減らすことができます。自分は後払いにして、相手からは現金払いしてもらえれば、使える現金の量が増加して経営がやりやすくもなるでしょう。後払いにしておけば、いろいろメリットがあるわけです。ただ、支払い期日などを管理しておかなければならないので、売掛金台帳、買掛金台帳という補助簿を別途つくる必要もあるでしょう。

　債権、債務に分類される勘定科目はいくつかありますが、売掛金、買掛金は商品売買に対するものです。商品をツケで購入した場合は、買掛金を計上しますが、通信費を後払いにした場合は買掛金を計上することはありません。地味に大事な点ですので覚えておいてください。

05 手形取引(てがたとりひき)

後払いの取引 その2

代金の後払いには掛取引の他に**手形取引**(てがたとりひき)があります

掛取引はいわば口約束なのですが手形取引は**手形**という**証券**をやり取りします。

パンダ → 手形 → トラ
パンダ ← 商品 ← トラ

手形というのはこんな感じの少し厚めの紙です

```
No                    約束手形
印紙    虎屋 殿                 支払期日  平成○年●月●日
                               支払地
        ￥100,000※            支払場所  ▲銀行

        平成○年○月○日
        振出地    ■■■■
        振出人    パンダ商店  印
```

手形は「誰が、いつ、誰に、いくら」お金を支払うのかを約束した証券です。

期日は振出日(手形を発行した日)の2〜4か月後になることが多いです。
*会社間の取引条件によります

手形受取り ──→ 90日後 現金化

これを期日に銀行へ持っていくと現金と交換してもらえます。

手形の現金化のしくみをもう少し詳しく説明すると次の通りです

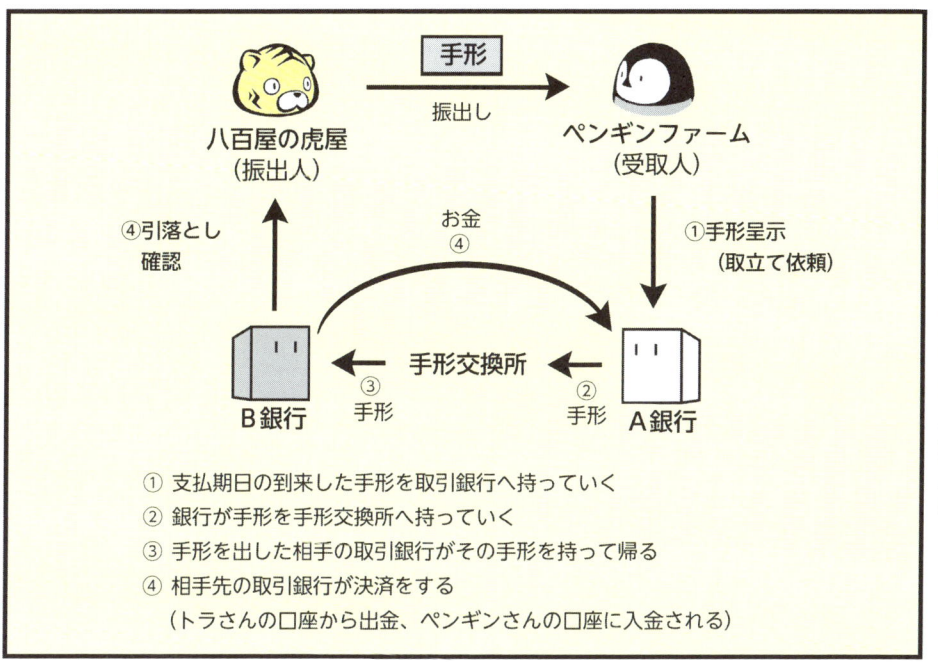

八百屋の虎屋（振出人） → 手形 振出し → ペンギンファーム（受取人）

- ④引落とし確認
- お金 ④
- ①手形呈示（取立て依頼）
- B銀行 ← ③手形 ← 手形交換所 ← ②手形 ← A銀行

① 支払期日の到来した手形を取引銀行へ持っていく
② 銀行が手形を手形交換所へ持っていく
③ 手形を出した相手の取引銀行がその手形を持って帰る
④ 相手先の取引銀行が決済をする
　（トラさんの口座から出金、ペンギンさんの口座に入金される）

3章 八百屋さんの商売から仕訳を学ぼう

手形は手形法という法律に規定されていてこういう流れも決まりごとの1つなんです

……ややこしいね

ちなみに小切手も同じ経路で現金と交換されます

＊小切手は振出日が期日の手形とも言えます

これって掛取引と何が違うの？

ん～

手形のほうが信用度が高いと言えるかな？

支払った手形の期日が到来して銀行に呈示された時に銀行の口座には十分に残高がなければいけません。

ここで手形の額面より当座預金の残高が少なければ現金を支払うことができません。

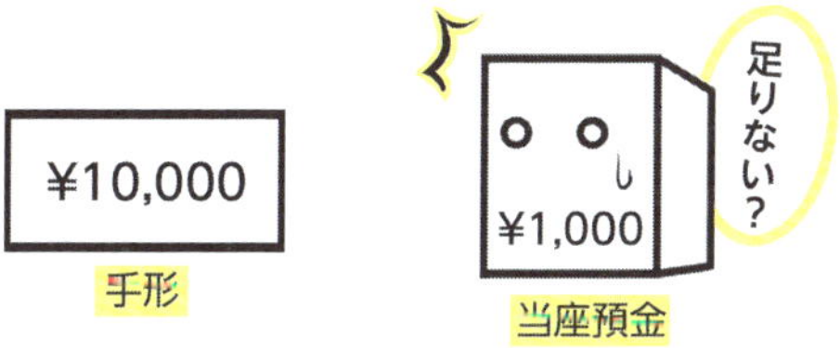

¥10,000　手形

¥1,000　当座預金　足りない？

この払えない状態のことを
不渡り(ふわた)と呼ぶのですが、
不渡りを出した会社はペナルティを
受けることになります。

半年に2度不渡りを出してしまうと
銀行との取引が一切できなくなる
という社会的制裁を受けます。

これは実質**倒産に等しい**ことです。

買掛金を約束の日に払わなくても
社会的信用は落ちますが、
倒産することはありません。

しかし、手形は期日に払えなければ
倒産に直結します。

それだけ危機感をもって
支払いがされるので
確実性が高いと言えます。

他に手形の特徴的な点は
他人から受け取った手形を
別の人に**譲渡できる**
ところですかね

ほら
立って立って

……

へぇ？

他の人から受け取った手形を
お金の代わりとして物品の
購入に利用できます。
これを**裏書**(うらがき)と呼びます。

パンダが発行した手形
パンダが発行した手形
① ②
商品　商品

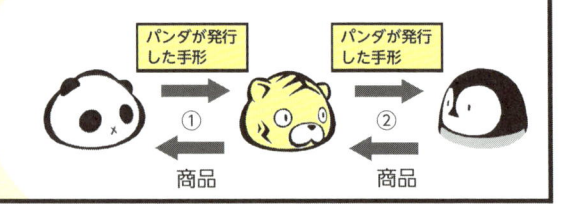

手形の裏面には4箇所ほど
住所と名前を書く欄があります。

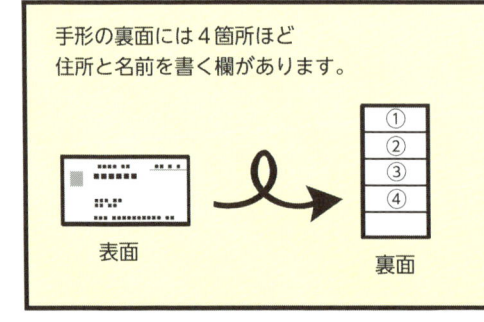

表面　裏面
① ② ③ ④

他の人が振り出した手形の
裏側に自分の名前と住所を
記入してから
別の他の人に譲渡するので
裏書と呼んでいます。

住所： 香川県坂出市櫃石
氏名： (株)虎屋
　　　 東雲　虎鉄

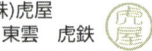

受け取った手形の他の使い方は金融機関に売却して現金に換えることができる点です。

期日が来たら現金に交換できるんだもんね

だったら期日前に交換できてもおかしくはないか

ん〜

手形を受領 → 手形を売却 → 期日が到来

でも購入側(銀行等)はこの期間は現金として利用できない状態になるんですよね

期日が到来するまでの期間現金を手形という形で留めておかないといけない。

もしもこの期間、現金を国債などで運用すれば利息がつくはずなのに、です。

つまり購入側は手形の額面通りに現金と交換すると、獲得できたはずの**利息分損をする**ことになります。

利息

ですから、手形を売却する時は額面から利息と手数料を差し引いた金額で交換することになります。

受取金額＝手形金額−利息−手数料

会計では「時間の価値」を考慮するんですね

このように期日前に売却する処理を**割引**(わりびき)と呼び、利息相当額を割引料と言います。

よく値下げの意味で使う「割引」とは意味が違うね

手形の取引で扱う勘定科目は次の3つを覚えておけばよいでしょう。

受取手形　**支払手形**　**手形売却損**
＊手形譲渡損とも表現されます

手形は取引方法がさまざまで覚える仕訳のパターンも多いですが

基本的な債権債務の考え方は掛取引と同じです

3章 八百屋さんの商売から仕訳を学ぼう

具体的な仕訳

この項で覚える勘定科目
受取手形（資産）、支払手形（負債）、手形売却損（費用）

商品を販売し手形を受け取る場合

【取引】商品を500円で売り上げ、約束手形を受け取った。

【仕訳】　（受取手形）500　　（売上）500
　　　　　　↑　　　　　　　　　↑
　　　　　資産の増加　　　　　収益の増加

【説明】他の人から受け取った手形を「受取手形」勘定で表現します。

受取手形を現金に換える場合

【取引】期日が到来した受取手形を銀行に持ち込み、当座預金に500円入金された。

【仕訳】　（当座預金）500　　（受取手形）500
　　　　　　↑　　　　　　　　　↑
　　　　　資産の増加　　　　　資産の減少

【説明】期日が到来した受取手形をお金に換え、当座預金に入金しています。

商品を仕入れ手形を振り出す場合

【取引】商品を400円で仕入れ、約束手形を振り出した。

【仕訳】　（仕入）400　　（支払手形）400
　　　　　　↑　　　　　　　↑
　　　　　費用の増加　　　　負債の増加

【説明】他の人に支払った手形を「支払手形」勘定（負債）で表現します。

買掛金の支払いに手形を振り出す場合

【取引】買掛金の 400 円に対して約束手形を振り出した。

【仕訳】　　（買掛金）400　　　（支払手形）400
　　　　　　　　↑　　　　　　　　　　↑
　　　　　　負債の減少　　　　　　負債の増加

【説明】会社によっては手形を作成する日を決めている場合があります（毎月 20 日など）。そうやって、ある一時にまとめて作成したほうが、事務処理を削減できます。商品を仕入れたら一旦買掛金を計上しておいて、手形の振出日になったら手形を振り出して、買掛金を減らします。

支払手形の期日が到来した場合

【取引】支払手形の期日が到来し、当座預金から 400 円が出金された。

【仕訳】　　（支払手形）400　　　（当座預金）400
　　　　　　　　↑　　　　　　　　　　↑
　　　　　　負債の減少　　　　　　資産の減少

【説明】手形の期日に当座預金から現金が支払われ、債務が消滅します。

商品を仕入れ受取手形で支払う場合（裏書）

【取引】商品を 400 円で仕入れ、他者から受けた手形を裏書譲渡した。

【仕訳】　　（仕入）400　　　（受取手形）400
　　　　　　　　↑　　　　　　　　　↑
　　　　　　費用の増加　　　　　資産の減少

【説明】手形の裏書です。受け取った手形をお金の代わりに支払います。

受取手形を売却した場合（割引）

【取引】受取手形500円を銀行に売却して、割引料20円、手数料10円を差し引いた差額が当座預金に入金された。

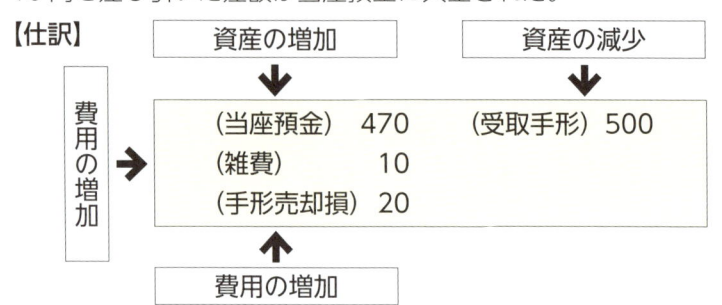

【仕訳】

費用の増加 →

資産の増加 ↓　　　　　　資産の減少 ↓

（当座預金）　470　　（受取手形）500
（雑費）　　　 10
（手形売却損） 20

↑ 費用の増加

【説明】期日到来前の受取手形を銀行等に売却することで現金化しています。その際、売却日〜期日までの利息相当額が差し引かれます（この例では20円）。これを「手形売却損」勘定（費用）で表します。

■手形取引の流れをつかもう

　手形には「**約束手形**」と「**為替手形**」の2種類があります。ここまでの説明は約束手形を前提に進めてきました。……なんて言うと混乱しそうですが、仕訳方法などはすべて共通の話なので心配ありません。

　使用頻度は約束手形のほうが圧倒的に多いでしょう。為替手形は変化球のようなものです。どちらの手形でも用いる勘定科目は同じで、手形を受け取れば「受取手形」、支払えば「支払手形」と記帳します。

　両者の違いを簡単に言うと、登場人物の数が違います。「約束手形」の登場人物は2人。「為替手形」では3人です。

　約束手形は①手形を振り出す人（現金を支払う人）、②手形を受け取る人（現金を受け取る人）の2人。

　為替手形は①手形を振り出す人、②現金を支払う人、③手形を受け取る人（現金を受け取る人）の3人。「現金を支払う人」のところが違うのです。

為替手形を振り出す一例を考えてみましょう。

八百屋（トラさん）の立場から見て、農家（ペンギンさん）に対して商品を仕入れた買掛金があり、消費者（パンダさん）に対しては商品を販売した売掛金がある場合です。

普通なら買掛金に対しては現金を支払い、売掛金に対しては現金を受け取ります。

ここで現金が支払われる流れを考えると、パンダ⇒トラ⇒ペンギンとなっています。だったらトラさんを経由せずパンダ⇒ペンギンとしてもよさそうです。

これならトラさんの手間や振込手数料を削減することができます。そこでパンダさんにはペンギンさんにお金を払ってくれるよう指示を出します。そこで用いるのが為替手形です。

手形を作成するのはトラさんですが、それを受け取り、現金を支払う旨の署名をするのはパンダさんです。そしてそれをペンギンさんに渡します。

それぞれの立場での仕訳は以下のようになります。トラさんは帳簿上、振替仕訳をすればいいだけですね。

以下はトラさんが300円の為替手形を振り出した仕訳です。

■トラさんの仕訳……………　（買掛金）300　　（売掛金）300

■パンダさんの仕訳………　（買掛金）300　　（支払手形）300

■ペンギンさんの仕訳……　（受取手形）300　　（売掛金）300

掛にするのか手形にするのかはその会社間での契約によります。

06 貸倒引当金

> 後払いが回収できない!?

債権

> どうしたの!?

ズ〜ン

> え？貸倒れた？
> ……貸倒れって

> 「貸倒れ」とは債権があるのに現金を回収できなくなることを指します

> 貸倒れは取引相手が倒産などしてしまいお金を払えない状態になり起こる事態です

> うわ〜大変だ

> 売掛金などの債権を失い、損をするのですから貸倒れると費用が発生すると考えられます。
> そこで使うのは**貸倒損失**という費用の勘定です。

偶発的な損失

【取引】売掛金500円が貸倒れた。

(貸倒損失) 500　　(売掛金) 500

↑費用の増加　　↑資産の減少

資産が減って費用が増える仕訳をします。

> さて貸倒れの話はこれだけでは終わりません
>
> **貸倒れる前**がけっこう重要です

> ところで貸倒って結構あります？

> たまにね〜

> 貸倒れはある確率で将来での発生が予想されます。
> そこで実際に貸倒れが起きる前、つまり予測の段階で費用計上してしまいます。

> 一部が将来貸倒れるだろうなぁ

債権

例えば、今までの経験上債権の1%が回収できないとします。

期末での手持ちの債権が合計で10,000円の場合こんな予測ができます。

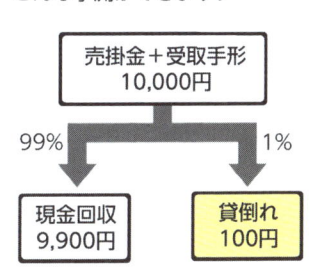

```
   売掛金＋受取手形
      10,000円
    ／         ＼
  99%          1%
   ↓            ↓
 現金回収      貸倒れ
 9,900円       100円
```

この場合は100円を費用として計上してしまいます。

このように発生前に費用計上する会計処理を**引当**(ひきあて)処理と呼びます。

……

まだ発生していないのに費用にしていいの？

もちろんまだ発生していない費用をあらかじめ計上するのですから相応の妥当性が必要です。

具体的には次の4つの条件を満たしたときに引当処理が可能になります。

① 将来（次期以降）の費用である
② 発生原因が当期以前にある
③ 発生の可能性が高い
④ 金額を合理的に計算できる

①は将来に発生する費用が引当処理の対象になる、ということです。

貸倒れの場合、期末に保有している債権の一部が次期以降に貸倒れることを指します。

将来の費用

②は将来発生する費用が当期以前の収益に対応しているという考えです。

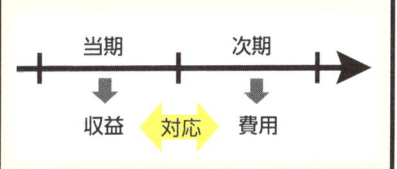

```
    当期      次期
 ────┼──────┼────→
    ↓         ↓
   収益 ←対応→ 費用
```

当期の収益の対価として得た債権が次期に貸倒れたとしてもその費用に対応する収益は当期由来なので当期の費用にしても妥当性がある、というわけです。

費用とは収益を獲得するために要したものでしたね

③と④は当然の条件です。これらを満たせない不確実な情報を帳簿に記載することはできません。

妥当性がないといけないってことだね

3章　八百屋さんの商売から仕訳を学ぼう

貸倒れに対する引当処理の仕訳は以下の通りです。

【取引】貸倒引当金100円を繰り入れた。

(**貸倒引当金繰入**) 100　　(**貸倒引当金**) 100

↑費用の増加　　↑評価勘定(資産の減少)

貸倒引当金勘定は**資産のマイナスの勘定**で、ちょっと特殊な勘定科目です。

> ややこしい名前だね…
>
> 確かに覚えにくいですがなんとか覚えてください

次期になり、引当処理をした債権が実際に貸倒れたときには引当金を取り崩し(減少させ)、債権を減少させます。

【取引】売掛金50円が貸倒れた。

(**貸倒引当金**) 50　　(**売掛金**) 50

↑評価勘定　　↑資産の減少

引当金を繰り入れた時点で費用計上しているのでここでは費用は発生していませんね

> 確かに

ここで注意ですが次期で獲得した債権が次期に貸倒れた場合は引当金を使うことはできません。

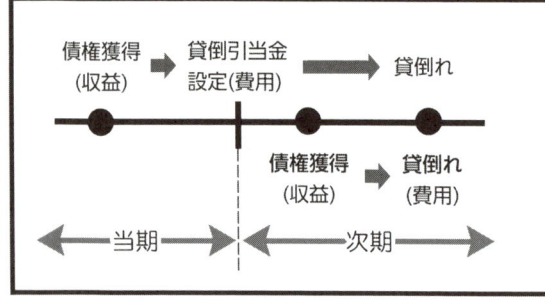

債権獲得(収益) → 貸倒引当金設定(費用) → 貸倒れ

債権獲得(収益) → 貸倒れ(費用)

←当期→　←次期→

引当金はその事業年度に獲得した収益に対する費用を計上する意味があるので引当金の対象とならなかった債権が貸倒れたとしても引当金を取り崩す仕訳はできません。

こんなときははじめに説明した貸倒損失勘定を用います

ひきあてきん 引当金

引当金はちょっと複雑ですが、重要な考え方なのでぜひ習得してください

具体的な仕訳

この項で覚える勘定科目
貸倒引当金（資産のマイナス）、貸倒引当金繰入（費用）

前期以前の債権が貸倒れた場合

【取引】得意先のA社が倒産し、A社に対する売掛金800円が貸倒れになった。なお貸倒引当金の残高は500円である。

【仕訳】

```
        資産のマイナスの減少
              ↓
    （貸倒引当金） 500    （売掛金） 800
    （貸倒損失）  300
              ↑              ↑
          費用の増加       資産の減少
```

【説明】前期以前の債権に対してはあらかじめ貸倒引当金が計上されているので、実際に債権が貸倒れた場合、貸倒引当金を減少させます。しかし、今回のように貸倒引当金を超過するほどに想定以上に貸倒れた場合は、足りない分を貸倒損失（費用）として計上します。

■損失は予想の段階で計上する

引当金の考え方は**「費用収益対応の原則」**がわかると理解が早いと思います。加えて企業会計原則一般原則の1つ**「保守主義の原則」**も絡んでいます。企業の財政に不利な影響を及ぼす可能性がある場合は、利益を控えめに計上すべきだとする考え方です。つまり==損失は予想の段階で計上し、利益は予想で計上してはいけない==、とするものです。

引当金には貸倒れ以外にも、返品に対するもの（返品調整引当金）、製品保証に対するもの（製品保証引当金）などがあります。電化製品を購入すると付属している「1年以内なら修理無料」などと書かれた保証書、あれにも引当金が計上されているはずです。

07 前渡金・前受金

> 前もってお金を渡したり受け取ったり

> じゃあそれで注文お願いします

> 承りました

> んじゃこれ**手付金**ね

> はいど〜も

> ……？

> なんで商品を受け取る前にお金を渡すの？

> ちゃんと取引をする意思がある証拠だったり商慣習だったりします。

> もしくは取引相手の会社規模が小さく支払い能力が不安な場合前もってお金を払ってもらうこともあります。

> へ〜

そんなお金を受け取った場合
これは**前受金**という
負債の勘定で表現します。

【取引1】手付金200円を受け取った。

（現金）200	（前受金）200
↑	↑
資産の増加	負債の増加

そして、実際に商品を
販売した際に前受金は減少し
代金の差額を受け取ります。

【取引2】800円の商品を販売した。

（前受金）200	（売上）800
（現金）600	

逆に自分がこういうお金を払った場合は
前払金という資産を計上します。

【取引】取引先に手付金として200円支払った。

（前払金）200	（現金）200

> 売買を前提に一時的にお金を預かっているような状態、預けているような状態を想像すればいいでしょう

> **具体的な仕訳**
>
> **この項で覚える勘定科目**
> **前払金（資産）、前受金（負債）**

商品を仕入れる前に手付金を支払った場合

【取引】900円の商品を仕入れるに先立って手付金200円を支払った。

【仕訳】

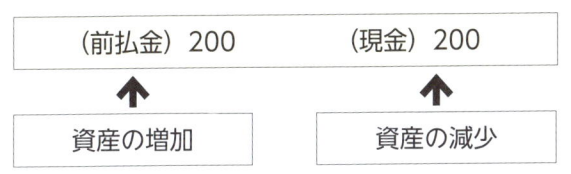

（前払金）200	（現金）200
↑	↑
資産の増加	資産の減少

【取引】上記商品900円を仕入れ、手付金との差額700円を現金で支払った。

【仕訳】

費用の増加	資産の減少
↓	↓
（仕入）900	（前払金）200
	（現金）700
	↑
	資産の減少

【説明】はじめに現金を支払っていますが、これはまだ当社のものなので資産である前払金が増加します。次いで、実際に商品を仕入れた段階で現金同様に前払金が減少します。

■解説は……

特に難しいこともないので解説は省略します。

（ええ!?）

08 値引・返品・割戻

商品の代金を減額する取引

今度は何!?

品違いで返品された？
ま〜、次から気をつければいいじゃないですか

……
返品…

返品されたときの仕訳は**売上の逆仕訳**になります

【取引】掛で販売した商品500円が返品された。

(売上) 500　　(売掛金) 500

収益の減少　　資産の減少

返品された商品の売価×数量の金額を販売時の仕訳の反対の仕訳をします。

他には値引や割戻も返品と同じく売上の逆仕訳をします

値引してよ

値引は通常価格から**減額**することです。

商品に傷があったりで販売金額を減らします。

割戻というのはたくさん購入してくれることに対する値引を意味します

たくさん買うなら安くするよ

逆に自分が仕入れた商品を返品する場合には仕入の逆仕訳をします。

【取引】掛で仕入れた商品300円を返品した。

(買掛金) 300　　(仕入) 300

これ返品するね

具体的な仕訳

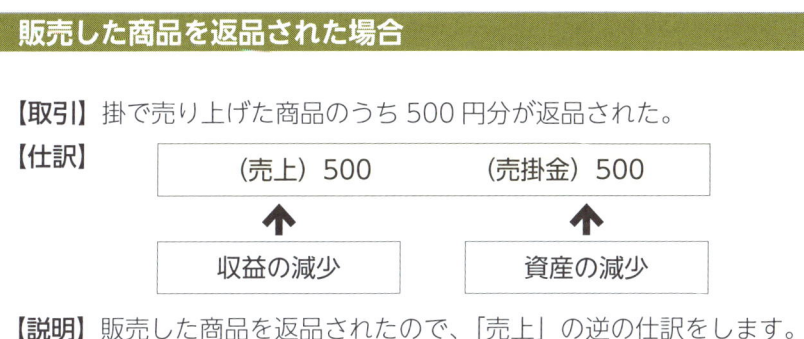

販売した商品を返品された場合

【取引】掛で売り上げた商品のうち500円分が返品された。

【仕訳】

（売上）500	（売掛金）500
↑	↑
収益の減少	資産の減少

【説明】販売した商品を返品されたので、「売上」の逆の仕訳をします。

仕入れた商品に対して値引をしてもらった場合

【取引】仕入れた商品に傷があったので、300円値引きしてもらった。

【仕訳】

（買掛金）300	（仕入）300
↑	↑
負債の減少	費用の減少

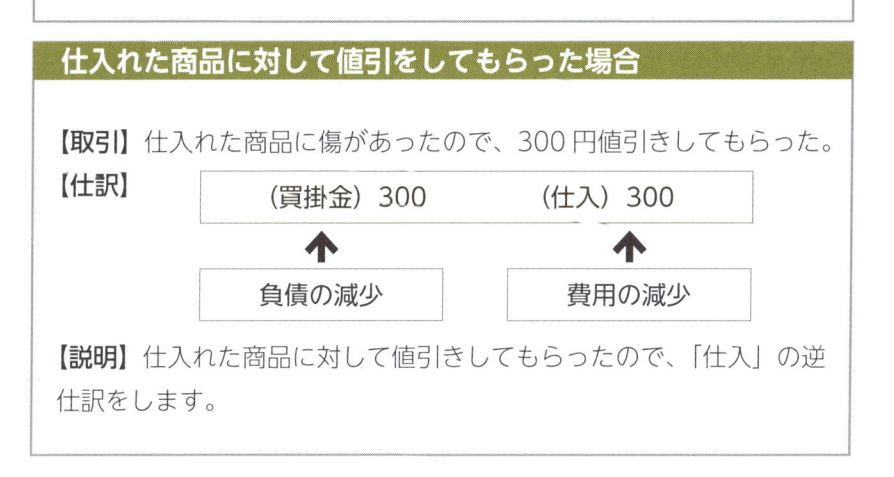

【説明】仕入れた商品に対して値引きしてもらったので、「仕入」の逆仕訳をします。

■「値引」と「割引」は違います！

　値引・返品・割戻は商品の販売・仕入の逆の仕訳で表現できます。

　日常で値引とほぼ同じ意味で使っている「割引」という言葉は、3章の5「手形取引」で触れたように、「ある期間の利息に相当する金額を減額する」という意味なので、会計の世界では全くの別物です。

　紛らわしい言葉と言えば「決済」と「決算」なんて語感が似ていてごっちゃになりそうです。「決済」は支払いをして取引を完了させること。「決算」は一定期間の利益・損失の計算をすることです。

09 未払金・未収金

本業以外の代金の後払い

ツケといて

ありがとうございました

……未払金だね

うん

買掛金じゃないの？

いや未払金だね

未払金とは後払いの意味です。
「未だ払っていないお金」
そのまんまな名前ですね。

買掛金も後払いですが、
買掛金は本業の商品の購入、
未払金（負債）はそれ以外の
購入に使います。

本業 → 買掛金

本業以外 → 未払金

例えば、水道光熱費や建物の購入代金などの後払いは未払金です。

電力　建物　通信費

逆に本業以外の取引で
何かを売ったけれど、
まだ代金を回収できていない場合
「未収金」という
資産の勘定を用います。

＊未収入金とも呼びます

未

未収金の仕訳はこんな感じです

仕訳の方法は売掛金と同じですね

【取引1】土地600万円を売却し、後日代金を受け取る。
単位：万円

（未収金）600	（土地）600
資産の増加	資産の減少

【取引2】上記の代金を受け取った。

（現金）600	（未収金）600
資産の増加	資産の減少

> **具体的な仕訳**
>
> **この項で覚える勘定科目**
> **未払金（負債）、未収金（資産）**

本業以外の商品・サービスを購入して後払いにする場合

【取引】先月分の電話料金 600 円の請求書を受け取った。代金は後日支払うことにした。

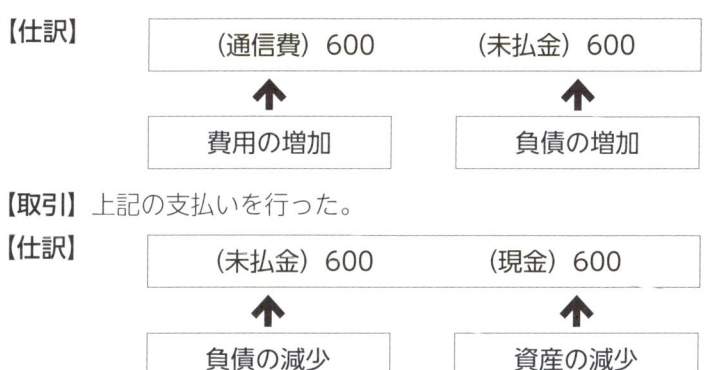

【仕訳】

（通信費）600	（未払金）600
↑	↑
費用の増加	負債の増加

【取引】上記の支払いを行った。

【仕訳】

（未払金）600	（現金）600
↑	↑
負債の減少	資産の減少

【説明】未払金の考え方は基本的に買掛金と同じです。後払いの債務が増加して、後日支払いを行って債務が消滅します。

■本業以外の後払い

　未払金・未収金（または未収入金）は**本業以外の物品の売買での後払いを表す勘定科目**です。

　一般に経費と呼ばれるような、事務用品や水道光熱費、通信費などは本業の商品購入ではないので未払金を用います。他には土地・建物といった資産の購入に対しても同様です。

　ただ不動産業者など土地の売買を本業とする業種では例外的に売掛金・買掛金を使うはずです。

　要は本業か本業以外かで判断するのですね。

10 仮払金・仮受金

原因不明の現金の支払い、受け取り

> 出張ですか
> うん
> いってきます
> 気をつけてね
> ……近場への移動なら自分のお金で支払って後で精算するんですが、

海外出張とかだと旅費が結構かかるので事前に会社からお金を社員に渡しておいて、出張が終了して旅費が確定してから精算する、という方法をとることがあります。

お金は払っているので仕訳をしなければいけませんが、その原因や金額がはっきりしていない。そんな場合、**仮払金**という**資産**の勘定を用います。

仮

出張旅費として前もって現金を渡すとこんな仕訳になります。

【取引】出張者に現金2万円を旅費として前もって支払った。

単位：千円

（仮払金）20　（現金）20

↑資産の増加　↑資産の減少

出張者が帰ってきて、旅費の過不足を精算した段階で仕訳します。これで仮払金は消滅します。

【取引】最終的な旅費は2万円だった。

単位：千円

（旅費）20　（仮払金）20

↑費用の増加　↑資産の減少

仮払金の逆で、お金が手に入ったけれどその原因がわからない場合は**仮受金**という**負債**の勘定を用います。

【取引】大阪支店から700円の入金があったが、その理由はわかっていない。

（当座預金）700　（仮受金）700

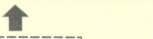

↑資産の増加　↑負債の増加

具体的な仕訳

この項で覚える勘定科目
仮払金（資産）、仮受金（負債）

費用が確定していないものに対しての支払いの場合

【取引】出張者に対して事前に旅費2万円を手渡した。後日、旅費の精算を行う予定である。

【仕訳】

（仮払金）20,000	（現金）20,000
↑	↑
資産の増加	資産の減少

【取引】上記の旅費の精算を行った。旅費は合計で2万2,000円かかった。足りなかった分は現金を支払った。

【仕訳】

費用の増加	資産の減少
↓	↓
（旅費交通費）22,000	（仮払金）20,000
	（現金）2,000
	↑
	資産の減少

【説明】まだ旅費が発生していない段階で現金を払っているので、この現金は当社に帰属していると考えられます。ですから資産である仮払金を計上します。その後、旅費が実際に発生したので前に払った現金は社外に出て行ったものとして、仮払金を減少する仕訳をします。

■取引がはっきりしない「仮払金」と「仮受金」

現金が出入りした原因である取引がはっきりしていなくても、現金が動くと何らかの仕訳をしなければいけません。そこで用いるのが仮払金・仮受金です。あくまで仮なので、いずれはなくなるはずの勘定科目です。

11 付随費用

物品を利用するために別途かかる費用

本体/その他

商品を仕入れる際に運送費などの商品価格以外の費用がかかることがあります。

これを**付随費用**と呼びます。

農家 →運送費→ 八百屋

付随費用はその物品を手に入れるために必要な費用なので

本体の取得価額に含めることにします

りんご1個100円×50個を現金で仕入れ運送費が500円かかった場合

@100円×50個 ＋ 運送費500円

↓

@110円×50個

じゃあ仕訳は運送費も仕入勘定に含める形になるんだね

その通り

×
| (仕入) | 5,000 | (現金) | 5,000 |
| (運送費) | 500 | (現金) | 500 |

○
| (仕入) | 5,500 | (現金) | 5,500 |

付随費用は商品に限らず土地や機械、建物などの取得時にも出てきます。

機械の据付費や試運転費なども取得価額に含まれます。

何かを購入したときにそれに付随して費用が発生するなら

本体価格に含めると考えるとよいでしょう

具体的な仕訳

> **この項で覚える単語**
> 付随費用

商品を購入した際、商品以外の支出があった場合

【取引】商品を仕入れた代金500円と運送費100円を現金で支払った。

【仕訳】　（仕入）600　　　　（現金）600
　　　　　　↑　　　　　　　　　↑
　　　　費用の増加　　　　　資産の減少

【説明】商品などを購入する際、それを利用するために付随的に要した支出はその本体価格に含めて考えます。

機械装置を購入した際、本体価格以外の支出があった場合

【取引】機械装置を購入し、その取付費用とともに200万円を現金で支払った。

単位：万円

【仕訳】　（機械装置）200　　　（現金）200
　　　　　　↑　　　　　　　　　↑
　　　　資産の増加　　　　　資産の減少

【説明】機械装置については後述しますが、取付費用は機械を稼働させて企業活動に役立てるために必須の費用です。ですからこれを含めます。

■運送費や取付費用は「付随費用」になる

商品に限らず、それを利用（商品なら販売、機械装置なら稼働）するために要した本体以外の代価も本体価格に含めて考えます。付随費用には販売するときの運送費なども含まれますが、こちらは取得価額に含める必要はありません。あくまで仕入時の付随費用が対象となります。

12 有形固定資産

形が有って固定された資産

お店を運営するためには店や車が必要です

建物や車などは高額かつ長期間使用する資産です。

これらは**有形固定資産**という資産に分類されます。

固定資産の「固定」とは、お金の動きが止まる（固定する）という意味です。

建物や車は一度購入したら数年〜数十年の間その姿のままです。

一方、固定資産と対比される資産に**「流動資産」**があり、売掛金や手形等が該当します。

これらは近い将来お金に姿を変えます。動く（流動する）ので流動資産と呼びます。

さて、建物などを購入すると、それは**資産**として計上されます。

【取引】建物1億円を現金で購入した。

単位：百万円

(建物) 100	(現金) 100
↑資産の増加	↑資産の減少

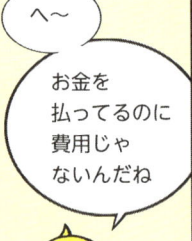

へ〜

お金を払ってるのに費用じゃないんだね

……

？

なかなか鋭いね〜

？？

収益費用の項で説明しましたが、何かを購入しても、それを費消しなければ費用にはなりません。

そこで考えてみましょう。建物や車は使ってなくなっていくものでしょうか？

……

なくなるんじゃない？

ですね

建物や車は使ったり、**時間経過**によって磨耗したり劣化したりして**価値が減っていく**と考えられます。

そこで、建物や車といったものは一旦資産に計上し、そこから徐々に価値を減らして**費用に替わっていく**と考えます。

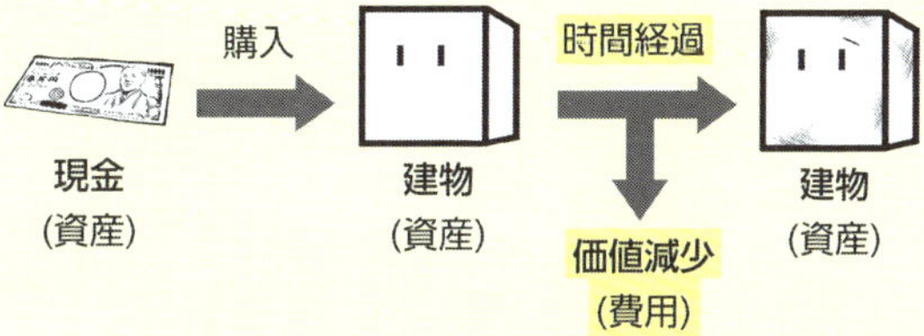

現金(資産) →購入→ 建物(資産) →時間経過 価値減少(費用)→ 建物(資産)

3章 八百屋さんの商売から仕訳を学ぼう

「ところでインコ君はシャープペンシルをどれくらいの期間使う?」

「?」「長いのなら3年くらい使ってるよ」

「そうなんですよね」「何年も使えるものなんです」

シャーペンは、形があって(有形)、一度買ったら再びお金に替わることはありません(固定)。

しかし普通、シャーペンは有形固定資産にはせず、買ったときに費用にします。

「なぜか?」「それは価格が安いからです」

200円くらい?

例えばトラック代300万円を一度に費用にしてしまうと1年間の損益にかなり影響を与えてしまいます。

だから最初は資産にしておいて使用期間に応じて徐々に費用にしていくのが妥当なのです。

300万円 損益

しかし、シャーペン200円を一度に費用にしても損益に大して影響を与えません。

だから資産にせず、費用として仕訳をします。

200円 損益

商品や有価証券(株式など)等特定のもの以外を購入したとき、資産になる場合と費用になる場合があります。

その判別をする簡単なフローチャートが右の図です。

有形固定資産にすべきものは次の2条件を満たすものとされます。

1) 取得価額が10万円以上
2) 1年以上使用する

＊購入金額のことを取得価額と呼びます。
＊価額は会社の規模にもよります。簿記の基本としては10万円と覚えておけば大丈夫でしょう。

まだ説明していない部分もあるので右の図は軽く眺める程度で構いません。

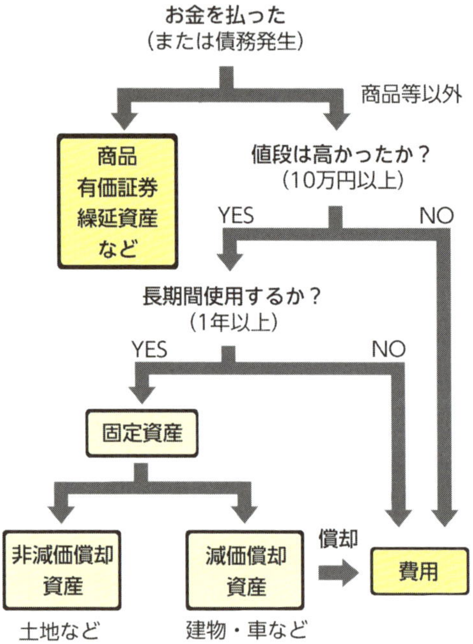

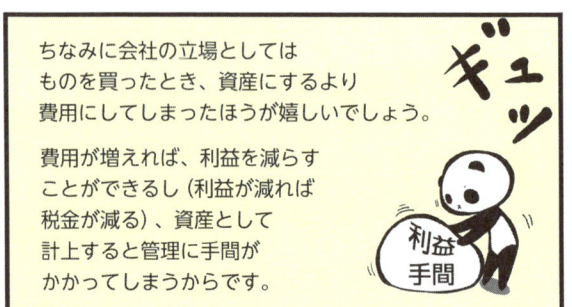

```
お金を払った（または債務発生）
├─ 商品等 → 商品・有価証券・繰延資産など
└─ 商品等以外 → 値段は高かったか？（10万円以上）
    ├─ NO → 費用
    └─ YES → 長期間使用するか？（1年以上）
        ├─ NO → 費用
        └─ YES → 固定資産
            ├─ 非減価償却資産（土地など）
            └─ 減価償却資産（建物・車など） →償却→ 費用
```

ちなみに会社の立場としてはものを買ったとき、資産にするより費用にしてしまったほうが嬉しいでしょう。

費用が増えれば、利益を減らすことができるし（利益が減れば税金が減る）、資産として計上すると管理に手間がかかってしまうからです。

ギュッ　利益　手間

有形固定資産に分類されながら費用化しないものもあります

それは使用しても価値が減少しないものです

そんなのあるの？

私たちが常に踏みしめているこの大地なんてまさにそうですね

土地の価格が下がることってあると思うけど？

それはあくまで**市場価格**ね

需給関係で価格が上下することはありますが土地を使ったからといって、損傷したり磨耗したりして使えなくなることはありません。

つまり、利用しても資産の**価値が減少しない**ので、費用化しないわけです。

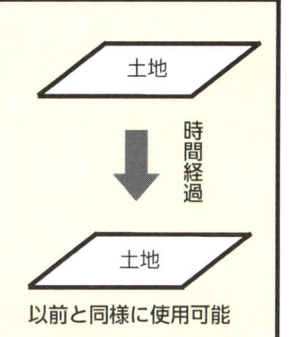

土地
↓ 時間経過
土地
以前と同様に使用可能

他には美術年鑑に載っているような価値のある美術品も価値が下がらない資産です。

考える人？

さて、これまで述べてきた有形固定資産の価値の減少のことを**減価償却**と呼びます。

この減価償却の対象となる資産を**減価償却資産**と呼び、価値が減った分の費用のことを**減価償却費**と呼びます。

有形固定資産の勘定科目には建物、構築物、備品、車両運搬具、機械装置、土地などがあります。

これらの勘定科目は覚えるしかないですね

＊構築物とは線路、橋、壁など建物以外の構造物を指します

これらの購入時の仕訳はいたってシンプルです。ただし、付随費用を資産の取得価額に含めることを忘れないようにしましょう。

【取引】会議室用に20万円のソファを購入し、運送費5,000円を合わせて現金で支払った。

単位：千円

（備品）205　　　（現金）205

財政状態を表す表に記載されている減価償却資産はこの金額で売却できる、

という換金価値を示しているのではなく**将来の費用**と言えます

簿記のことを知らないと勘違いしそうな数字ですよね

財政状態を示す表
（貸借対照表）

固定資産
　有形固定資産
　　建物　20百万
この値段で売れるわけではない　車両　10百万
　　土地　50百万

3章 八百屋さんの商売から仕訳を学ぼう

具体的な仕訳

この項で覚える勘定科目（すべて資産）
土地、建物、備品、機械装置、車両運搬具

建物を取得した場合

【取引】耐用年数30年の建物を1,000万円で購入し、代金は後日支払うことにした。

単位：万円

【仕訳】　（建物）1,000　　（未払金）1,000

　　　　　↑　　　　　　　　↑
　　　　資産の増加　　　　負債の増加

【説明】この建物の価格は1,000万円なので10万円以上です。そして使用期間は1年以上です。ですから、有形固定資産として**資産**に計上されます。

パソコンを取得した場合

【取引】耐用年数5年のパソコンを7万円で購入し、代金は後日支払うことにした。

【仕訳】　（消耗品費）70,000　　（未払金）70,000

　　　　　↑　　　　　　　　　　↑
　　　　費用の増加　　　　　　負債の増加

【説明】このパソコンの使用期間は1年以上ですが、取得価額は7万円で10万円未満です。ですから資産にせず、すべて**費用**にしています。費用の勘定科目は消耗品費でよいでしょう。もし10万円以上であれば備品として資産計上することになります。

■企業の成績を正しく表すために

　土地や建物などは有形固定資産に分類されます。「形の有る」、「固定された(長期間現金化されない)」、「資産」です。

　ものを購入するとそれを資産にする場合と費用にする場合があります。パソコンのマウスを3,000円で購入すればそれは費用になります。しかし、運搬用のトラックを300万円で購入すればこれは資産にします。

　なぜ資産にするのか？　それは==正しい損益計算をするため==です。

　例えば、毎年1年間の利益が500万円の会社があるとします。この会社が10年間使用できるトラックを300万円で購入しました。このトラックの代金は最終的に費用になりますが、その計上方法には次の2通りが考えられます。

①取得したその年に全額費用とする
②使用できる期間（10年）に按分して（分けて）費用とする

　①にすると、トラックを取得した年の会社の利益は200万円（＝500万円－300万円）です。この年の前年や翌年の利益は500万円です。いつもと同じように働いているはずなのに、トラックを購入した年だけ異様に会社の成績が悪くなってしまいます。

　②にすると、トラックを取得した年の利益は470万円（＝500万円－30万円）です。購入代価の1年間の負担額は30万円（＝300万円÷10年）です。この年の前年の利益は500万円、翌年は470万円、今後しばらくは470万円になるはずです。

　①と②を比較すると、企業活動の成績を正しく表しているのは②だと考えられます。なぜなら、トラックは10年間等しく企業活動に貢献すると考えられるので、その代金は10年間で負担すべきなのです。

　建物や車など価値の減少する資産の帳簿上の金額は、今後費用になる予定の金額だと言えます。

13 減価償却(げんかしょうきゃく)

固定資産の価値の減少

建物や車といった固定資産は使用や年月の経過に応じて**その価値が減少**すると考えられます。

…でも価値が減ってるなんて目で見てわからないんじゃない？

確かにそうなんですが会計上、便宜的に価値を減少させます

数年後

例えば、使用可能年数3年の機械を300万円で取得した場合の資産価値の推移と費用発生の一例を見てみましょう。

資産価値 300万円 → 200万円 → 100万円 → 1円 → 1円

| 1年目 | 2年目 | 3年目 | 4年目 |

価値の減少（費用発生）
- 1年目：100万円（300万円÷3年）
- 2年目：100万円（300万円÷3年）
- 3年目：100万円（300万円÷3年）
- 4年目：0円

まだ使えたとしても帳簿上価値はなくなる。ただし1円だけ残す。
＊帳簿に載っていないのに現物が存在するのはよくないからです

毎年一定額、100万円が減ってるね

これが一番単純な償却の方法ですね

減価償却費(げんかしょうきゃくひ)を計算する上で必要となる情報は以下の3つです。

1) 取得価額（購入に要した金額）
2) 耐用年数（使える年数）
3) 償却方法（計算方法のこと）

償却方法は複数あってその中から会社が自分で選択します

減価償却費の計算式はこんな感じです

減価償却費 ＝ 取得価額 × 償却率
（または期首簿価）（償却方法と耐用年数による）

償却方法でよく用いられるのは定額法と定率法の2つです。

定額法　定率法

償却率は償却方法と耐用年数で設定されていて、これは表にまとめられているのでわざわざ覚えるものではありません。

＊国税庁のサイトで確認できます

3章　八百屋さんの商売から仕訳を学ぼう

定額法は毎年一定額（定額）を減価償却費とします

定率法ははじめに大きく償却し、年々償却額が小さくなっていくのが特徴です

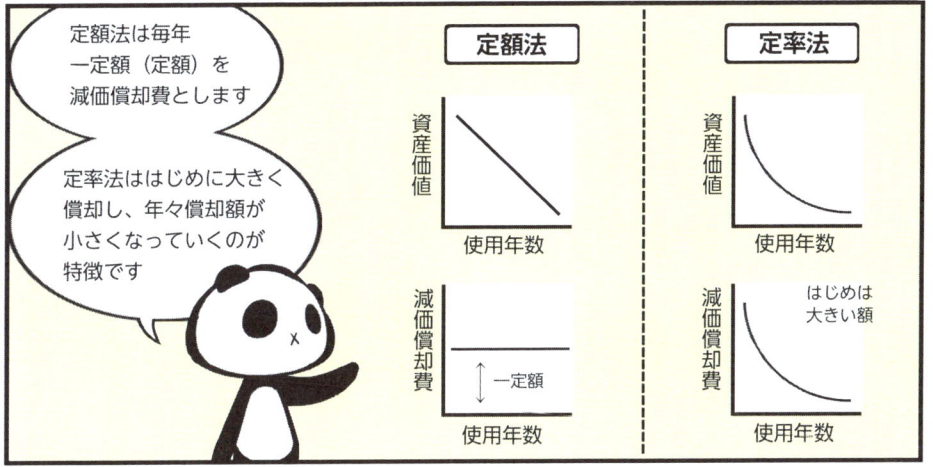

定額法

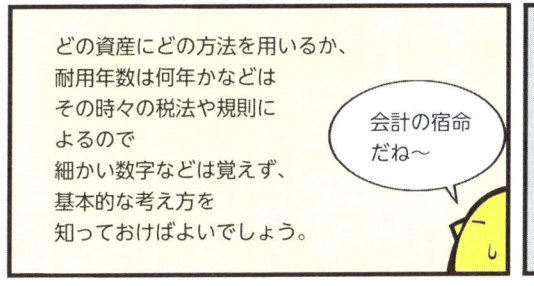

資産価値／使用年数

減価償却費／使用年数　↕一定額

定率法

資産価値／使用年数

減価償却費／使用年数　はじめは大きい額

どの資産にどの方法を用いるか、耐用年数は何年かなどはその時々の税法や規則によるので細かい数字などは覚えず、基本的な考え方を知っておけばよいでしょう。

会計の宿命だね〜

減価償却費を計上する仕訳は次の2種があります。

① 直接資産の価値を減少させる方法
② 評価勘定で間接的に価値を減少させる方法

上の仕訳が①下が②です

【取引】建物の減価償却費10万円を計上する。　　単位：千円

（減価償却費）100　　（建物）100

費用の増加　　資産の減少　　資産のマイナスの増加

（減価償却費）100　　（減価償却累計額）100

135

具体的な仕訳

この項で覚える勘定科目
減価償却費（費用）、減価償却累計額（資産のマイナス）

期末に減価償却をする場合

【取引】A社（会計期間 4/1 〜 3/31）は当期の 10/15 に取得価額 500 万円、耐用年数 10 年、定額法（償却率 0.1）の建物を取得し同日から使用しはじめた。なお、計算すると減価償却費は 25 万円だった。

【仕訳】　　　　　　　　　　　　　　　　　　　　　単位：万円

（減価償却費）25　（減価償却累計額）25
　　　↑　　　　　　　　　↑
　費用の増加　　　　資産のマイナスの増加

【説明】減価償却費の金額は 6 か月使用していることから、500 万円 × 0.1 × 6 か月／12 か月＝ 25 万円と計算されます。この仕訳では間接法で処理しているので減価償却累計額を計上しています。減価償却は月割計算をするので 10/15 〜 10/31 を 1 か月と見なします。

期末に減価償却をする場合

【取引】前期の 4/1 に取得した取得価額 500 万円、耐用年数 10 年（償却率 0.1）の建物の減価償却費を計算する。

【仕訳】　　　　　　　　　　　　　　　　　　　　　単位：万円

（減価償却費）50　（減価償却累計額）50
　　　↑　　　　　　　　　↑
　費用の増加　　　　資産のマイナスの増加

【説明】減価償却費の金額は 500 万円 × 0.1 × 12 か月／12 か月＝ 50 万円と計算されます。この仕訳では間接法で処理しているので減価償却累計額を計上しています。

■「定額法」と「定率法」は何が違うの？

減価償却費は期末（実務では毎月末）に計上します。

一般に用いられる償却方法は**定額法**と**定率法**です。定額法は毎年一定額ずつ資産が費用化しますが、定率法では最初の年が一番償却費が大きく、年々その金額は小さくなっていきます。例を挙げましょう。

例）取得価額100万円、耐用年数5年の機械装置の定額法、定率法での償却費の比較（2012年度現在の償却率を用いて、当年度の期首に取得、稼働しはじめた場合）

年数	1	2	3	4	5
定額法（円）	200,000	200,000	200,000	200,000	199,999
定率法（円）	400,000	240,000	144,000	108,000	107,999

グラフで示すと右図のようになります。実線が定率法、点線が定額法の推移です。

資産が数年間に渡り企業活動に役立つから数年間で費用配分するのが減価償却の意義なのですが、そう考えると、どうも定率法はきちんと費用配分できているようには思えません。明らかに初年度が利益面で不利になっています。

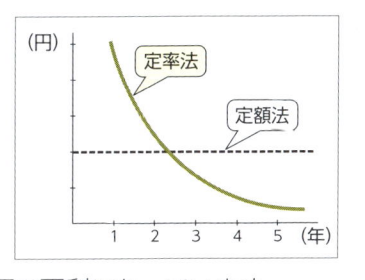

では、定率法は間違った方法なのか？

というとそうではなく、これには修繕費（メンテナンス費）が絡んでいます。機械などは、使いはじめは故障することなく順調に稼働しますが、5年10年と使っていると故障率も増え、メンテナンスの回数も増えてきます。年数の経過とともに修繕費が増大する。一方、減価償却費は年数とともに減少していく。この修繕費＋減価償却費の金額が、その資産の使用期間で毎年似たような金額になる、つまり毎年同等の負担をしている、という考えから定率法のような少し変わった費用算出がされています。

減価償却費の計算方法は法改正によりたびたび変更されています。これを詳しく説明すると相当な紙面を費やしますし、本書の趣旨とは異なるた

め、本項では基本的な考え方のみを解説します。
　では、定額法、定率法の計算式の基礎を見てみましょう。

【定額法】

> 減価償却費＝取得価額×償却率×使用した月数／12か月

＊定額法では取得価額に償却率を乗じた金額が償却費になります

【定率法】

> 減価償却費＝期首帳簿価額×償却率×使用した月数／12か月

＊期首帳簿価額とは期首でのその資産の帳簿上の価額です。前年までの償却費の累計額を取得価額から控除した金額です。取得した年は、この金額は取得価額と同じになります

　前ページの例を使いましょう。取得価額100万円、耐用年数5年の機械装置を当期首に取得した場合。2012年度現在での耐用年数5年での定額法の償却率は0.2、定率法では0.4です。

【定額法】

1年目：100万円×0.2×12か月／12か月＝20万円
2年目：100万円×0.2×12か月／12か月＝20万円
3年目：100万円×0.2×12か月／12か月＝20万円
（以下略）

【定率法】

1年目：100万円×0.4×12か月／12か月＝40万円
2年目：(100万円−40万円)×0.4×12か月／12か月＝24万円
3年目：(100万円−64万円)×0.4×12か月／12か月＝14.4万円
（以下略）

　定額法はとても単純な計算式です。定率法の1年目は期首帳簿価額は存在しないので取得価額を代わりに用います。2年目は取得価額から1年目の減価償却費を減額した数字を用います。3年目は取得価額から1

年目と2年目の減価償却費を減額した数字を計算に用います。
　今後、法改正によって償却率が変化してもおそらくこの計算式は使われるでしょう（補助的な計算は必要になるかもしれませんが）。

　さて、頭を使う説明が続いたので、少し雑学的な話をしましょう。
　簿記の教材で減価償却の勉強をしていると決まって出てくるのが建物、備品、機械装置、車両運搬具などです。こればかり見ているので、ついついこれらの資産しか減価償却しないと思い込んでしまいます。
　しかし、実は動物や植物も減価償却の対象なのです。牛、馬、豚、羊、柿の木や桃、りんごの木等もちゃんと資産であり、年数の経過により価値が減っていくと考えます。以下に耐用年数の例を挙げます。

資産	目的	耐用年数
牛	乳牛	4
馬	競走馬	4
豚		3
柿の木		36
桃の木		15

減価償却の対象

　動物が自分のところで産まれた場合の取得価額は、その役割を果たせるようになるまでに要した餌代や世話代の合計額です。成長するまでの出費を取得価額として、そこから減価償却をはじめるのですね。

14 無形固定資産

形はないけど資産になるもの

おや　パソコン中ですか

あー会計ソフトですか　へぇ！顧客管理ソフトもですか

パソコンのソフトウェアは**形がないけれど資産**になることもあるんだよ

へ〜

発想は建物などと似ていてそれを取得するために支払った金額が大きく長期間使用する場合、

一度に費用にせず一旦、**資産**に計上しそこから徐々に費用化する手法をとります。

ソフト購入
⇩
価格は高い？
長期使用する？

YES ⇩　　⇩ NO
資産 ➡ 費用

【取引】ソフトウェア50万円を購入した。
単位：万円

（ソフトウェア）50　　（現金）50
　　↑　　　　　　　　　　↑
　資産の増加　　　　　　資産の減少

このように形はないけれど資産に計上したものを**無形固定資産**と呼びます。

無形固定資産の償却方法は定額法が原則とされています。

定率法を使う根拠がないからでしょう。

＊定額法以外の方法をとる資産もあります

定額法

ソフトウェアの他にはこんな法律上の権利が無形固定資産になります

特許権
商標権
意匠権
鉱業権
など

無形固定資産の減価償却では直接資産価値を減額する方法のみが用いられます。

【取引】ソフトウェアの減価償却費10万円を計上した。
単位：万円

（減価償却費）10　　（ソフトウェア）10
　　↑　　　　　　　　　　↑
　費用の増加　　　　　　資産の減少

具体的な仕訳

この項で覚える勘定科目
ソフトウェア（資産）

ソフトウェアを購入した場合

【取引】事業に用いるソフトウェアを100万円で購入し、後日代金を支払うことにした。

単位：万円

【仕訳】　（ソフトウェア）100　　（未払金）100
　　　　　　　　↑　　　　　　　　　　↑
　　　　　　資産の増加　　　　　　　負債の増加

【説明】有形固定資産と同様に高額で数年間使用するなら資産に計上します。

ソフトウェアを償却する場合

【取引】取得価額100万円、耐用年数5年のソフトウェアの減価償却を行う。

単位：万円

【仕訳】　（ソフトウェア償却）20　　（ソフトウェア）20
　　　　　　　　↑　　　　　　　　　　　↑
　　　　　　費用の増加　　　　　　　　資産の減少

【説明】無形固定資産の減価償却では「減価償却累計額」を用いず、直接資産を減額する方法のみが用いられます。「ソフトウェア償却」と記述していますが、「減価償却費」でも問題ないでしょう。

■形がなくても立派な資産

　ソフトウェアや採掘権など形がないものも、高額かつ長期間企業活動に貢献するなら建物などと同じように資産計上し、数年間に費用を配分すべきです。償却方法は原則**定額法**で直接資産から減額します。

15 有価証券

本業以外の投資活動 株式や債券

株式　債券

配当金もらった
私も

？
あー株式の配当の話だよ

会社は資産運用の1つとして株式や債券など有価証券を購入することがあります。

株式　債券

＊債券と債権は別物ですのでご注意を

株式はその会社に出資をした証であり会社のオーナーになることです。

債券は国や会社が借金をするために発行するもので、債券を買うことはお金を貸すことと同じです。

株主 →出資→ 株式会社

株式であれば会社の儲けの一部を**配当金**として受け取ることができ、債券は貸したお金に対する利子を受け取ることができます。

株主 ←配当金← 株式会社

有価証券は保有目的に応じて4種に分類されますが、簿記の基本としては時価の変動により利益を得る目的で保有する「売買目的」について知っておけばよいでしょう。
＊キャピタルゲイン狙いですね 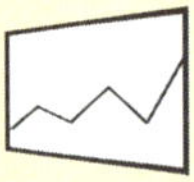

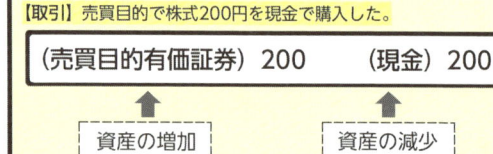

【取引】売買目的で株式200円を現金で購入した。

(売買目的有価証券) 200　(現金) 200

↑資産の増加　↑資産の減少

株式や債券の購入時の仕訳はこんな感じですね

配当金や利息は収益です。

配当金を受けた時の勘定は「**受取配当金**」
債券の利息は「**有価証券利息**」という勘定を用います。

配当金 → 受取配当金
利息 → 有価証券利息

有価証券を売却して利益や損失が出たときにはそれぞれ次の勘定を用います

有価証券売却益
有価証券売却損

具体的な仕訳

この項で覚える勘定科目
売買目的有価証券（資産）、**受取配当金**（収益）、**有価証券利息**（収益）

売買目的の有価証券を購入した場合

【取引】短期的な価格変動による利益獲得目的で株式20万円を購入し、手数料200円とともに現金で支払った。

【仕訳】　（売買目的有価証券）200,200　（現金）200,200

　　　　　　↑　　　　　　　　　　　　　　↑
　　　　資産の増加　　　　　　　　　　資産の減少

【説明】株式や債券などを「売買目的有価証券」勘定で表現しています。ここでも手数料は付随費用として本体価格に含めて考えます。

株式の配当を受け取った場合

【取引】株式の配当金20,000円を受け取った。

【仕訳】　（現金）20,000　（受取配当金）20,000

　　　　　↑　　　　　　　　　↑
　　　資産の増加　　　　　収益の増加

【説明】保有している株式に対して配当が支払われると、株主には配当金領収証という証券が送付されます。これは3章の3で説明した「通貨代用証券」であり、現金勘定で処理されます。

■ 利益を得るための有価証券

　有価証券はその保有目的によって4種に大別されます。ここでは価格変動による利益獲得を目的とした有価証券を対象に考えています。株式の配当金は「受取配当金」、債券による利息は「有価証券利息」という収益の勘定を用います。名称が異なるので注意が必要です。

16 借入金・貸付金

お金を借りたり貸したり

会社やお店を運営するためにはお金が必要です

そのお金を自分でまかなえれば問題ありませんが、多くの場合は他の人から借りることでやりくりしています。

銀行（貸主）→ 借主

お金を借りた時は**借入金**という**負債**の勘定を使います

【取引】銀行からお金を借入れ現金500円を受け取った。

（現金）500　（借入金）500
　↑資産の増加　　↑負債の増加

他人由来のお金、ということで借入金という負債が増加します。

さて、お金を借りるのも無料ではありません。お金の貸与というサービスを受ける代わりに期間に応じて利息を支払わなければいけません。

銀行 ← 利息

【取引】利息20円を現金で支払った。

（支払利息）20　（現金）20
　↑費用の増加　　↑資産の減少

そのまんまだね

この支払う利息を**支払利息**という**費用**の勘定で表現します。

話は変わって、お金を借りるのとは逆に他の会社にお金を貸してあげることがあります。

貸主 → 借主

この場合は**貸付金**という債権（資産）が増加します。

【取引】取引相手に現金200円を貸し付けた。

（貸付金）200　（現金）200
　↑資産の増加　　↑資産の減少

【取引】利息20円を現金で受け取った。

（現金）20　（受取利息）20

お金を貸すと利息を受け取ることができます。このとき**受取利息**という**収益**の勘定で表現します。

> **具体的な仕訳**
>
> **この項で覚える勘定科目**
> **貸付金**（資産）、**借入金**（負債）、**受取利息**（収益）、**支払利息**（費用）

借金を返済する場合

【取引】A 銀行からの借入金 5,000 円を返済し利息 50 円とともに現金で支払った。

【仕訳】

```
     負債の減少              資産の減少
        ↓                      ↓
   （借入金）5,000         （現金）5,050
   （支払利息）  50
        ↑
     費用の増加
```

【説明】借入金（他者から借りているお金）を返済し、利息の支払いをします。

貸付金を回収する場合

【取引】B 社に対する貸付金が返済され、現金 2,000 円を受け取った。

【仕訳】

```
   （現金）2,000       （貸付金）2,000
        ↑                   ↑
     資産の増加           資産の減少
```

【説明】貸付金（貸しているお金）を回収し、現金が増加します。

■お金を借りたとき・返したとき

　貸付金と借入金、受取利息と支払利息、勘定科目さえ覚えてしまえば、特に難しい点はないと思います。

コラム❸

■簿記を私生活に活用する①

突然ですが、**簿記を実生活で役立ててみませんか？**

せっかく簿記を学んでいるのですから、仕事で使うだけではもったいない！ 簿記は実学です。学校で学ぶお勉強ではなく、すぐに社会生活で使える技術です。お金の管理に大いに役立ちます。

ところで失礼ですが、

今現在、ご自分の財産がいくらあるかご存知ですか？

自分がいくら資産を持っているのか。1か月の食費や衣料費がいくらくらいなのか。こういったことを知っているとお金は増えやすくなります。無駄な出費を意識させられるからです。

では、どうやって自分の財産のことを把握するのか。それは家計簿をつけることです。ただ一般的な家計簿では現金の出納しか把握できないので、少し拡張したものを利用するとよいでしょう。

本来なら複式簿記を使えればよいのですが、家計にそこまで厳格なしくみは必要ないでしょう。これから示すのはあくまで私が使用している様式なので、他にも優れた記録方法があると思います。ぜひあなたに最適の形を考案してみてください。私は、①損益の記録、②財産の記録に2表を用いています。

①損益（収益、費用）の記録

月日	収益		費用			費用の区分	
	摘要	金額	摘要	現金	クレジット	食費	書籍
5月23日			食費	2,500		2,500	
5月25日	給与	200,000	書籍		3,000		3,000
5月26日			食費		1,500	1,500	

これは通常の単式簿記の様式を少し拡張して、費用に関しては区分を設けています。区分は上図には入りきっていませんが、食費、書籍費、交通費、衣料費など10種類くらいに分けています。

費用に比べ収益の種類は数えるほどしかないので現金収入のみを記述します。費用はクレジット払いが増えてきたので、現金とクレジットの2欄を用意しています。費用の欄に入力した金額と同額を区分の欄に記入します。これが簡便的な仕訳を意味します。

　この区分のそれぞれの列を合計すれば、毎月どれくらいの費用が発生しているのかがわかります。

②財産（資産、負債、純資産）の記録

	金額	前月比		金額	前月比
資産の部			負債の部		
流動資産			流動負債		
現金	2,500	60	水道光熱費の未払	10	0
預金	10,000	10	クレジットカード	60	0
商品券	200	0	借入金	120	0
Edy	500	0	小計	190	0
証券口座	20,000	20			
小計	33,200		純資産の部		
固定資産			小計	33,610	95
確定拠出年金	600	5			
小計	600				
合計	33,800	95	合計	33,800	95

　私は毎月資産、負債、純資産の記録をしています。通常の家計簿では現金の出納にのみ着目していますが、他の財産についても把握しておくべきでしょう。わざわざ元帳をつくることはしないので、この金額は棚卸式によるものです。つまり、現金の現物を数えて、ネットで口座残高を確認して作成します。

　土地や家、車を所有していれば減価償却を考慮してその価額を入力してもよいでしょう。家計でそこまでする必要はないかもしれませんが、自分の財産の推移を見るのはなかなか面白いですよ。

ちょっとひと休み♪

関連づけて覚えよう

　記憶力を試すこんなゲームを知っていますか？
　全く関係のない複数の単語を他の人に言ってもらい、その単語と順番を記憶して復唱する、というゲームです。

「カエル、時計、砂漠、地球、ペットボトル、パソコン、トンネル」

　この原稿を書いている今、思いついた単語を並べてみました。この単語と順番を覚えてみてください。1分間で。

　このゲームのコツは、ストーリー仕立てにすることだそうです。
「カエルが腕時計をしていた。砂漠を歩いている。もう何時間歩いただろう。地球全土が砂漠になってしまった。持っているペットボトルはもう空っぽだ。パソコンがあれば暑さをしのげるトンネルでも見つけられるだろうか」

　ざっと物語にしてみました。単語をバラバラに覚えるより、支離滅裂でも物語にしたほうが思い出しやすいはずです。単語同士がつながりあって、次の単語を引っ張り出してくれるからです。ちなみに、私はこの原稿を書いた2日後にもこの単語群を順番通り当てることができました。

　関連づけは何でも構いません。歴史の年号のような語呂合わせは典型ですね。学習の際、こういう関連づけを意識的に行うと記憶が定着しやすくなると思います。
　適した勉強法というのは個人によって異なるはずです。しかし、ここで取り上げた関連づけをする、という手法は恐らく誰にでも適用できると思います。

4章
1年間のまとめ！決算書をつくろう

01 会社の成績表をつくる

決算の流れを見てみましょう

この章では会社の成績表の作成について学びましょう

成績表

3章で学んだように日々の取引を1年間帳簿に記録してきたら

後はこれをまとめあげれば簿記の学習はひとまず終了です

帳簿 → まとめ → 成績表

しかし、今までの記録を単純に集計しただけでは成績表は完成しません。

なにせ他人様に見せる資料です。誤りがないかをしつこいくらいにチェックします。

ほう

加えて、「永続的に活動する」という前提の企業活動を無理矢理1年間でぶつ切りにしてまとめようとするので相応の調整をしなければいけません。

一年間の終わり

!?

つまり報告書を作成するためには
1）チェックをする
2）調整する
必要があります

チェック
調整

このように成績表を作成する上で行う一連の処理を**決算**（けっさん）と呼びます。

帳簿 → 決算 → 成績表

決算の流れはこんな感じです

―――――― 決算 ――――――

1年間の取引 → 決算整理前残高試算表 → 決算整理 → 決算整理後残高試算表 → 決算振替 → 成績表

記録（3章の内容） ・ チェック ・ 調整 ・ チェック ・ まとめ ・ 完成

残高試算表とはその名の通り勘定の残高を試算する表で、これが成績表の出発点になります。

1つの表に勘定の残高を入れてみて、数字に整合性があるのかを確認します。

問題があれば修正を行い、なければ次の処理へ進みます。

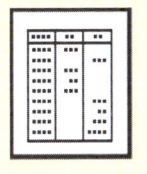

決算整理とは調整の仕訳です。

正しい1年間の損益計算を行うための仕訳です。

「これはこっち」

当期 / 次期

取引は区切りよく1年間で完結するものばかりではありません。数年間にまたがるものを各期間に適切に分割することで正しい計算ができます。

すでに学習した減価償却などがこれに該当します。

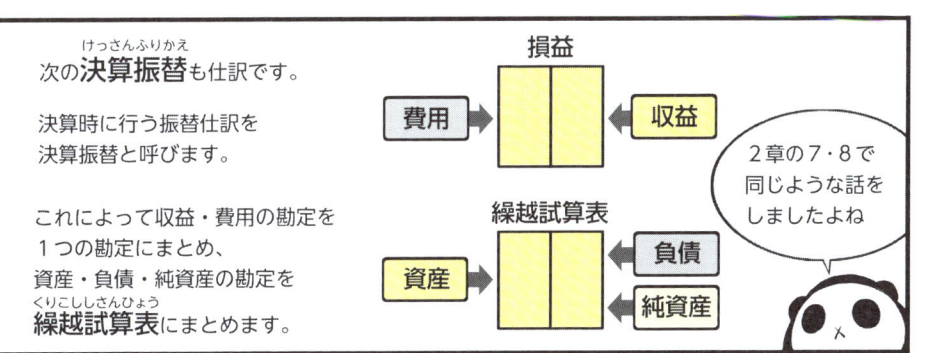

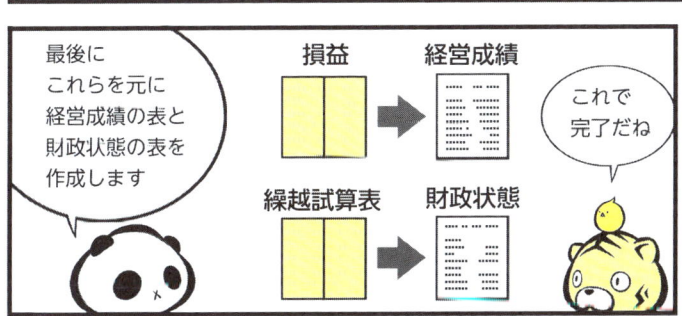

収益・費用 → 当期 / 次期

決算整理が終わった後に再び残高試算表によってチェックをします

合ってるね

4章 1年間のまとめ！決算書をつくろう

次の**決算振替**も仕訳です。

決算時に行う振替仕訳を決算振替と呼びます。

これによって収益・費用の勘定を1つの勘定にまとめ、資産・負債・純資産の勘定を**繰越試算表**にまとめます。

損益 ← 費用 / 収益

繰越試算表 ← 資産 / 負債 / 純資産

2章の7・8で同じような話をしましたよね

最後にこれらを元に経営成績の表と財政状態の表を作成します

損益 → 経営成績
繰越試算表 → 財政状態

これで完了だね

では次からそれぞれの内容を確認していきましょう

> **この項で覚えるべき単語**
>
> 決算、財務諸表（決算書）

決算書作成の流れ

　決算とは一定期間の利益（損失）を算定することです。

　ここで作成される会社の業績を示す資料を**「決算書」**と呼びます。本書ではわかりやすく「成績表」や「報告書」と表現していますが、会計の用語としては「決算書」や「財務諸表」と呼ばれます。

　財務諸表は以下の4つの資料で構成されています。

資料名	内容
貸借対照表（たいしゃくたいしょうひょう）	会社の財産の状態を示します。 略称：B/S（Balance Sheet）
損益計算書（そんえきけいさんしょ）	会社の一定期間の経営成績を示します。 略称：P/L（Profit and Loss Statement）
キャッシュフロー計算書	現金の変動を示します。 略称：C/S（Cash flow Statement）
株主資本等変動計算書	純資産の変動を示します。 略称：S/S（Statements of Shareholders' Equity）

　これらについては後の項で説明します。

　決算の処理の流れは以下の通りです。

① 決算整理前残高試算表 ⟶ チェック
② 決算整理 ⟶ 調整
③ 決算整理後残高試算表 ⟶ チェック
④ 決算振替 ⟶ まとめ
⑤ 貸借対照表・損益計算書 → まとめ

①元帳の残高を使って決算整理前残高試算表を作成します。

ここでは「収益・費用」と「資産・負債・純資産」を区別することなく、**すべての勘定を1つの表に集結させます。**

今までの仕訳や転記が間違いなく処理されていれば、試算表の借方と貸方は同額になるはずです。

すでにお気づきかもしれませんが、借方・貸方が存在する表（仕訳帳や元帳、試算表など）は必ず貸借の金額が一致します。すべての数字のもとになる仕訳の段階で貸借が一致するようにしているので当たり前と言えば当たり前なのですが、これは簿記の構造上絶対のことです。

覚える必要はありませんが、これを「貸借平均の原理」と呼びます。

②次に正確な損益計算のために調整を行います。これを決算整理と呼びます。決算整理仕訳とも言います。要は仕訳です。3章と同じようなことをするわけです。少しフライングをしましたが、3章で学んだ「減価償却」や「貸倒引当金」が決算整理のために行う処理です。

③決算整理後の数字を用いて再び残高試算表を作成します。

④この段階では**各々の勘定の金額は貸借が一致していません。**「売上」勘定なら借方＜貸方、「仕入」勘定なら借方＞貸方になっているはずです。これを借方＝貸方にするための振替仕訳を行います。結果的にこれで各勘定が締め切られ（もう帳簿に記入されない状態にして）、収益と費用が1つの表に、資産と負債と純資産が1つの表にまとめられます。

⑤会社の成績表である財務諸表は、④で作成したまとめの表を用いてつくります。財務諸表の中でも特によく知られているのが貸借対照表（B/S）と損益計算書（P/L）でしょう。

実務ではこれらの決算業務は限られた期間内に処理しなければならず、決算の時期は比較的遅くまで仕事をすることになります。ま〜大変です。

02 試算表とは？

数字のチェックと成績表の起点

決算の出発点である**試算表**について見てみましょう

前項で「残高」試算表について軽く触れましたが「合計」試算表というものがあります。

合計試算表 / 残高試算表

合計試算表は残高試算表とほぼ同時に作成され、作成法もほぼ同じです

合計試算表は単純に元帳のすべての勘定の借方、貸方の合計金額を記入したものです。
役割は誤りの有無のチェックです。

勘定科目	借方	貸方
現金	700	200
売掛金	500	100
売上	100	2,000

今まで記帳してきた仕訳の金額、元帳への転記が正しく行われていれば

借方 = 貸方

①合計試算表の借方の合計と貸方の合計は一致し、

②合計試算表と仕訳帳の合計金額も一致するはずです。

合計試算表 = 仕訳帳

残高試算表はすべての元帳の残高を入力したものです。

勘定科目	借方	貸方
現金	500	
売掛金	400	
売上		1,900

合計試算表の借方と貸方の差額を示したのが残高試算表だとも言えます。

なのでこれらを1つの表に示した合計残高試算表という表がつくられることもあります。

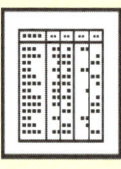

これらの表によって数字に誤りがないことを確認して、成績表作成の処理が進められます

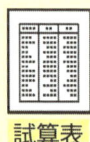

試算表 → 金額一致 → 決算整理
　　　 → 金額不一致 → 誤りの修正

お〜大事な表なんだね

> **この項で覚えるべき単語**
>
> **残高試算表**

残高試算表作成の流れ

　試算表はその名の通り、試算する表、つまりチェック表です。
　試算表には合計試算表や残高試算表、繰越試算表（4章の4で登場します）などがあります。この項では残高試算表がわかれば大丈夫です。

　残高試算表にはすべての勘定科目と元帳の残高をそのまま記入します。
　ここでは「費用・収益」と「資産・負債・純資産」を区別することなく、すべての勘定を1つの表に集結させます。
　決算に至るまでの処理が正確に行われていれば、試算表の借方と貸方が同額になるはずです。

　残高試算表の数字の元をたどれば仕訳帳に行き着きます。会計処理の流れが以下であることを再確認しましょう。

　　取引⇒**仕訳帳**⇒**元帳**⇒**残高試算表**⇒決算整理⇒決算振替⇒財務諸表

　残高試算表は元帳の残高から作成されます。それを基に財務諸表が作成されるのですが、地味にこれは大事なことです。
　正しい簿記の方法で記録された数字を基にして財務諸表は作成されなければならない。「正規の簿記の原則」でそう示されています。
　例えば在庫。期末に商品在庫を調べ、帳簿の数字と違っているからといって、成績表の商品の欄に実際の在庫金額を直接書き込んではいけません。
　ちゃんと仕訳をして、それを転記するから会計情報は、①網羅性があり、②検証が可能であり、③秩序立ったものになります。

03 決算整理とは？

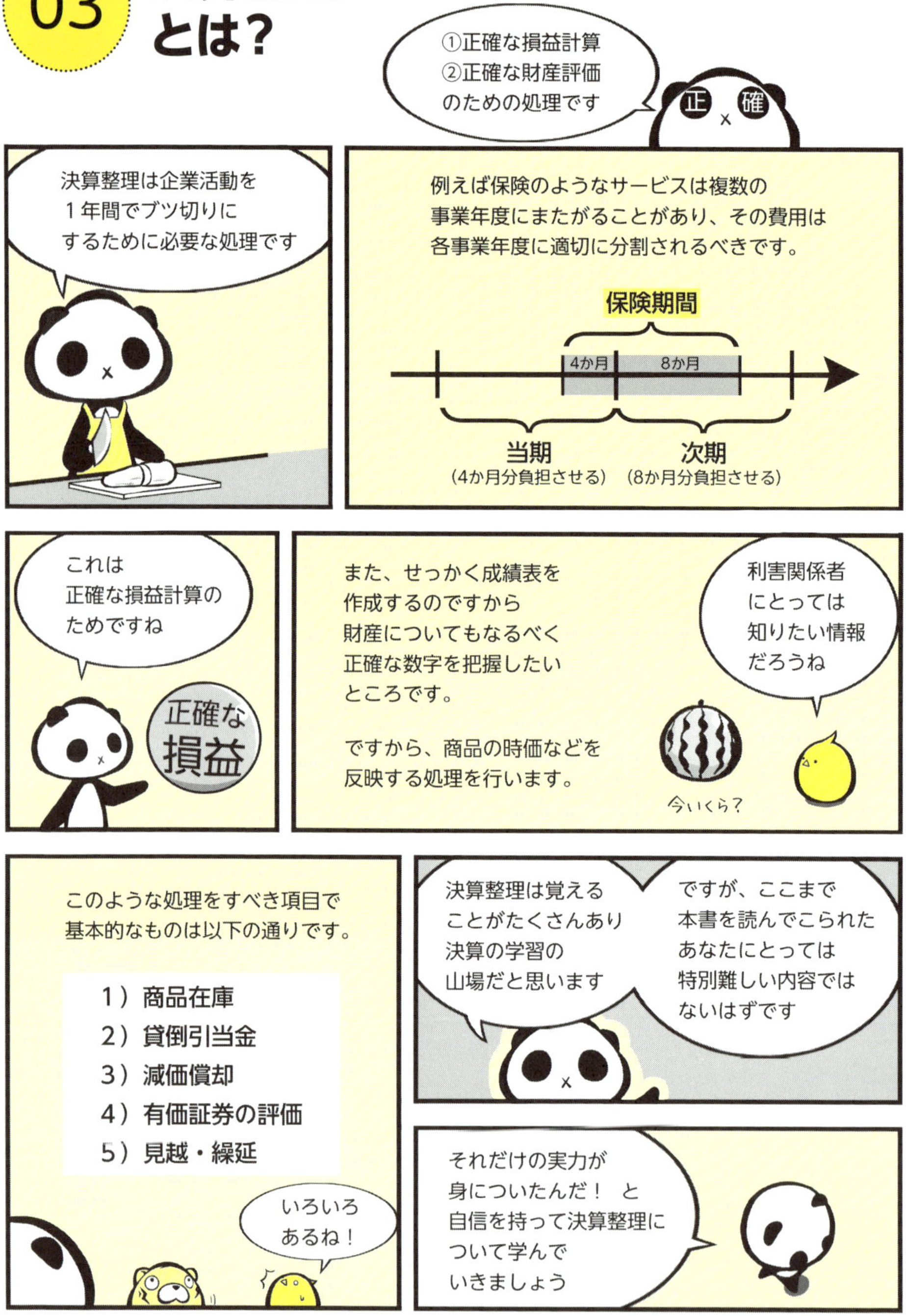

①正確な損益計算
②正確な財産評価
のための処理です

決算整理は企業活動を1年間でブツ切りにするために必要な処理です

例えば保険のようなサービスは複数の事業年度にまたがることがあり、その費用は各事業年度に適切に分割されるべきです。

保険期間 4か月 / 8か月

当期（4か月分負担させる） 次期（8か月分負担させる）

これは正確な損益計算のためですね

また、せっかく成績表を作成するのですから財産についてもなるべく正確な数字を把握したいところです。

ですから、商品の時価などを反映する処理を行います。

利害関係者にとっては知りたい情報だろうね

今いくら？

このような処理をすべき項目で基本的なものは以下の通りです。

1）商品在庫
2）貸倒引当金
3）減価償却
4）有価証券の評価
5）見越・繰延

いろいろあるね！

決算整理は覚えることがたくさんあり決算の学習の山場だと思います

ですが、ここまで本書を読んでこられたあなたにとっては特別難しい内容ではないはずです

それだけの実力が身についたんだ！と自信を持って決算整理について学んでいきましょう

> **この項で覚えるべき単語**
>
> 決算整理

決算整理で必要な仕訳

　決算整理仕訳とは正確な期間損益を計算し、その時点での正確な財産状態を示すために行う調整の仕訳です。「決算時に行う整理するための仕訳」ってそのまんまな名前ですね。
　学習量で言えば、決算の中ではこの決算整理が一番多いです。

　そもそもある期間の成績を必要としなければ、決算なんて面倒な処理は不要なのですが、そうも言っていられません。1年と言わず、四半期（3か月）、毎月と短いスパンでの企業活動の成果を把握しなければ、方向性を確認して軌道修正するのに時間がかかってしまいます。
　ですから、簿記の教科書的には決算整理は期末に行うのですが、実務では毎月行います。ただ、簡便的な処理をする場合もあります。

　さて、決算整理の代表的なものには次の5点が挙げられます。
　①商品在庫の振替、評価換え　②貸倒引当金　③減価償却
　④有価証券の評価換え　⑤見越・繰延

　決算時に行う仕訳、と言うからには期中ではなく期末に行う理由があるはずです。①は期末でなければ在庫がわかりません。②は期末段階での債権に対して回収できない額を見積もるから。③は費用を配分すべき期間が経過してから計上することに意味があるのでしょう。④は期末時点での資産価値を表示するため。⑤は後述しますが、これも期末でなければ合理的ではないからでしょう。
　次項からそれぞれの詳しい仕訳や背景を見ていきましょう。

03 決算整理 ❶商品在庫

> 棚卸(在庫)のための調整仕訳

期首、期末に商品在庫があればそれを調整する仕訳が必要です

3章の2でやったね

```
(仕入)      500    (繰越商品) 500
(繰越商品)  600    (仕入)     600
```

上が期首棚卸高に対するもので、下が期末棚卸高に対する仕訳です

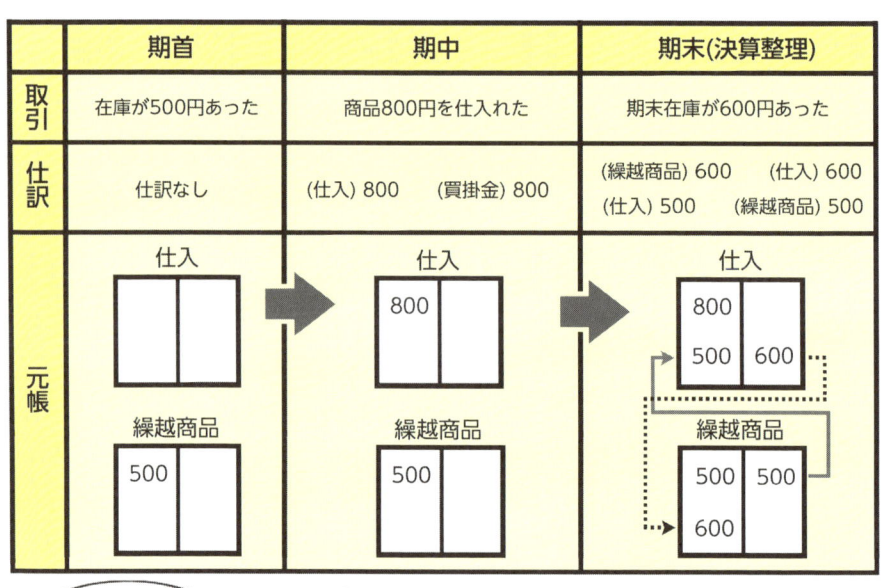

	期首	期中	期末(決算整理)
取引	在庫が500円あった	商品800円を仕入れた	期末在庫が600円あった
仕訳	仕訳なし	(仕入) 800　(買掛金) 800	(繰越商品) 600　(仕入) 600 (仕入) 500　(繰越商品) 500
元帳	仕入 繰越商品 500	仕入 800 繰越商品 500	仕入 800 500 ┊ 600 繰越商品 500 ┊ 500 600

時系列で表すとこんな形ですね

ところで期末の在庫がいくつあるかはどうやって知るのでしょう？

期末在庫を繰越すんだね

これ、商品の入出庫は**商品有高帳**(しょうひんありだかちょう)という補助簿に記録していて、これで残高がわかります。

期末において、
この帳簿上の商品在庫と
実地棚卸によって確認した
現実の商品在庫とを比較します。

何の問題もなければ帳簿上の数字と
現実の在庫の数字は一致するはずです。

| 帳簿 | ＝ | 現実 |

また、これとは別に実際に現物を
数えて残高を調べることもします。

これを**実地棚卸**と
呼びます。

4つあるね

帳簿の数字と現実の数字が
異なっているなら帳簿を現実に
合わせる仕訳をしなければいけません。

しかし、実際には一致しない
ことが起こり得ます。

紛失や盗難にあい、気づかないうちに
現実の在庫が消失し、
帳簿との間に差異が生じます。

| 帳簿 | ≠ | 現実 |

例えば、
100円で仕入れた商品の在庫が
帳簿には5個と書かれているのに
実際には4個しかない場合、
このなくなった1個について
商品が減少し、費用が増加する
ことになります。

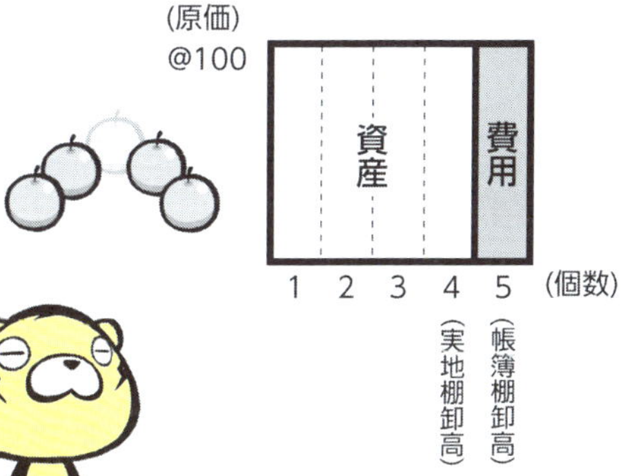

(原価)
@100

　　　　　　　　　　　資産　費用

1　2　3　4　5　(個数)
　　　　　（実地棚卸高）（帳簿棚卸高）

帳簿より現物の数が
少なかったか…

この場合の仕訳は以下のように
表現されます。

(棚卸減耗費) 100　　(繰越商品) 100

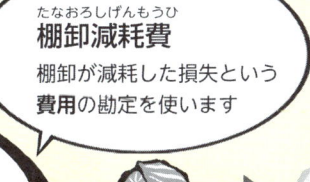

↑費用の増加　　　↑資産の減少

棚卸減耗費
棚卸が減耗した損失という
費用の勘定を使います

あると思っていたら実はなかった

4章 1年間のまとめ！決算書をつくろう

また、商品の価値は次の
2つの要因により変動します。

① 品質低下・陳腐化
② 時価

① **品質低下**とは
商品の保管状態が悪かったりして
傷などがつくことで商品価値が
減ることを指します。

陳腐化とは
流行遅れなどによる
相対的な価値の減少です。

② **時価**とは市場価格のことで、
商品の仕入価格に比べ
期末の時価が低いなら
商品価値を時価に合わせます。

＊仕入れ値よりも売値のほうが
　下がってしまったイメージです

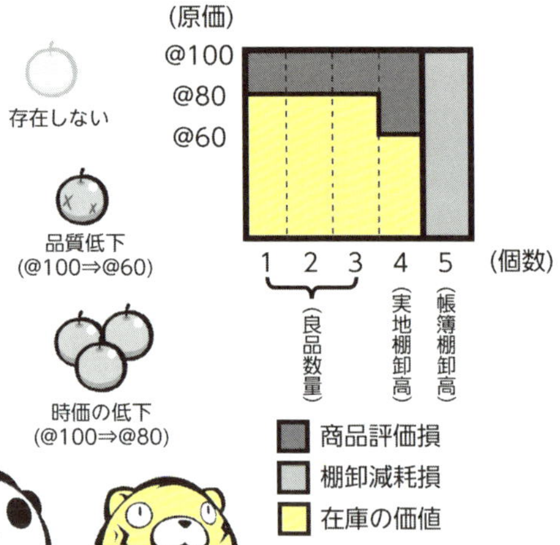

存在しない

品質低下
（@100⇒@60）

時価の低下
（@100⇒@80）

（原価）
@100
@80
@60

1　2　3　　4　　5　（個数）
（良品数量）　（実地棚卸高）　（帳簿棚卸高）

■ 商品評価損
▨ 棚卸減耗損
▨ 在庫の価値

この図では1個が
品質低下で@60、
残りの3個は仕入値の
@100から価値を下げて
時価の@80の価値しかない
ことを示しています

このような商品価値の減少は
商品評価損という費用の勘定で
表現します。
品質低下でも時価の低下でも
商品評価損勘定を用います。

（商品評価損）100　　（繰越商品）100

↑費用の増加　　　　↑資産の減少

＊品質低下　（@100−@60）×1個＝40 ⎫
　時価低下　（@100−@80）×3個＝60 ⎭100

この商品における
決算整理は

まず帳簿上の「仕入」と
「繰越商品」を振り替え、
次に棚卸減耗と評価替えを
行うという流れです

（仕入）　　　　500　　（繰越商品）　500
（繰越商品）　　600　　（仕入）　　　600
（棚卸減耗費）　100　　（繰越商品）　100
（商品評価損）　100　　（繰越商品）　100

具体的な仕訳

この項で覚える勘定科目

棚卸減耗費（費用）、商品評価損（費用）

期末商品在庫の数量が帳簿よりも少なかった場合

【取引】期末商品棚卸高が帳簿上は1個500円×10個だったが、実際には8個しかなかった。

【仕訳】

（棚卸減耗費）1,000	（繰越商品）1,000
↑	↑
費用の増加	資産の減少

【説明】金額は500円×(10 − 8) = 1,000円。紛失や盗難または液体であれば蒸発することにより帳簿上存在するはずの在庫数量が足りない場合、これを棚卸減耗費という費用にして、繰越商品を減少させます。

商品価値が減少している場合

【取引】期末商品在庫のうち傷んでいる商品が3個見つかった。取得原価は1個500円だが、1個450円でしか販売できないことがわかった。

【仕訳】

（商品評価損）150	（繰越商品）150
↑	↑
費用の増加	資産の減少

【説明】金額は(500円 − 450円)× 3 = 150円。商品の価値は仕入れた価額で帳簿上記録されていますが、販売単価がこれを下回った場合は商品の価値を減額する処理をします。本来、売価＞仕入原価なのですが、これが売価＜仕入原価になってしまっては商売になりませんね。

> これらの仕訳は仕入と繰越商品の振替仕訳の後に行います

03 決算整理 ❷減価償却

すでに学習済みですがもう少し詳しく学びましょう

機械などの価値の減少を示す減価償却も決算整理の1つです

減価償却は期末に行うのが一般的ですが、期中に行うこともあります

それは建物などを売却したり、除却（捨てる）するときです

単位：万円

当期を4/1〜3/31として所有している車を7/5に売却した場合を考えましょう。

償却方法は定額法、耐用年数4年(償却率0.25)取得価額60万円、期首簿価30万円とします。この車は12万円で売却できました。

(減価償却累計額)	30	(車両運搬具)	60
(減価償却費)	5		
(現金)	12		
(固定資産売却損)	13		

この場合こんな仕訳になります

お、おう

減価償却費の計算は月割り計算をしますので4〜7月の4か月間の計算をします。
＊1日しか使っていなくても1か月として扱われます

60万円×0.25×4/12＝5万円

(減価償却累計額)	30	(車両運搬具)	60
(減価償却費)	5		
(現金)	12		

売却の段階で仕訳はここまで書けます

しかしこれでは貸借の金額が一致しません

そこで貸借を一致させるためこの場合は、差額を**固定資産売却損**（こていしさんばいきゃくそん）という費用の勘定で埋めます

(減価償却累計額)	30	(車両運搬具)	60
(減価償却費)	5		
(現金)	12		
(固定資産売却損)	13		

＊売却益になることもあります

具体的な仕訳

この項で覚える勘定科目

固定資産売却益（収益）、固定資産売却損（費用）

減価償却資産を期中に除却（廃棄）した場合

【取引】取得価額300万円、減価償却累計額250万円の機械装置を当期の5/5に除却（廃棄）した。この機械装置は償却率0.2の定額法により減価償却を行っている。なお当期は4/1～3/31である。

【仕訳】

費用の増加 →

資産のマイナスの減少 ↓　　　　資産の減少 ↓　　単位：万円

（減価償却累計額）	250	（機械装置）	300
（減価償却費）	10		
（固定資産除去損）	40		

↑ 費用の増加

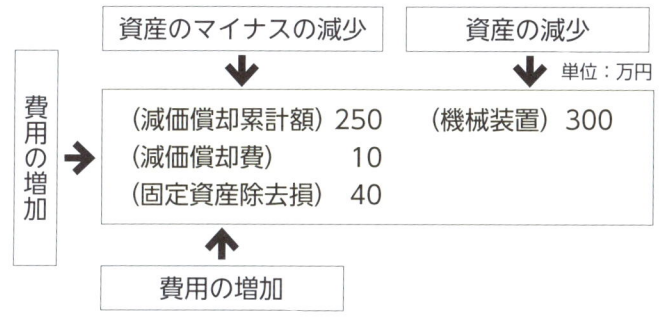

【説明】減価償却費の計算は300万円×0.2×2か月／12か月＝10万円。差額が固定資産除却損40万円です。

■減価償却にはいろいろな計算方法がある

　決算整理で行う減価償却費の仕訳は3章の13で学んだ通りです。決算整理とは異なりますが、減価償却資産を売却もしくは除却した場合、期首からそれまでの期間の減価償却を考慮して仕訳をします。

　蛇足ですが、簿記ではなく税法の話を少々。覚える必要はありません。取得価額が10万円以上20万円未満であれば会計上、固定資産にせず全額費用にしてよいことになっています。この場合、税金計算上の償却費は「取得価額÷3」とします。つまり、3年間の定額償却をします。会計上は全額費用、税務上は「取得価額÷3」が費用（損金）。こういう資産を「一括償却資産」と呼びます。このように減価償却費の計算方法は条件によってさまざまで、なかなか奥が深いです。

03 決算整理
❸貸倒引当金

貸倒引当金の計上も決算整理の１つです

将来の費用

保守的な考えから貸倒れが発生する前にまだ確定していない費用を計上します

費用は多く収益は少なく

（貸倒引当金繰入）50　（貸倒引当金）50

引当金の金額は過去数年間の貸倒れの実績率などから算出します。

※３章の６参照

仕訳はこんな感じでしたね

ところで、次期の貸倒れに対して期末に引当金を計上するのですが、期末の段階で当期に対する引当金が残っている場合があります。

前期　当期　次期

貸倒引当金

貸倒引当金

当期末決算整理で計上する引当金

予想よりも貸倒れが発生しなくてこの引当金が残っている場合の話です

この時の仕訳の方法には次の２通りがあります。
1）残っている引当金をチャラにする
2）残っている引当金に不足分を追加する

どちらの方法をとっても結果は同じなんですけどね

1）は**洗替法**と言い、残っている引当金を一度ゼロにして、次期分を改めて計上する方法。

2）は**差額補充法**と呼びます。

例えば、期末に引当金の残高が50円あり、次期用に200円計上する必要がある場合、それぞれの方法による仕訳はこのようになります。

【洗替法】

収益の増加
↓

| （貸倒引当金） | 50 | （貸倒引当金戻入） | 50 |
| （貸倒引当金繰入） | 200 | （貸倒引当金） | 200 |

【差額補充法】

| （貸倒引当金繰入） | 150 | （貸倒引当金） | 150 |

具体的な仕訳

この項で覚える勘定科目

貸倒引当金戻入（収益）

洗替法で貸倒引当金を繰り入れる場合

【取引】売掛金と受取手形の残高 10 万円に対して 2％の貸倒れを見積もった。ただし貸倒引当金の残高が 500 円ある。

【仕訳】

資産のマイナスの減少	収益の増加
↓	↓
（貸倒引当金） 500	（貸倒引当金戻入）500
（貸倒引当金繰入）2,000	（貸倒引当金） 2,000
↑	↑
費用の増加	資産のマイナスの増加

【説明】あるべき貸倒引当金の金額は 10 万円 × 2％ ＝ 2,000 円です。前年度に繰り入れた貸倒引当金が 500 円残っているので、これをすべてなくしてから改めて繰り入れます。

差額補充法で貸倒引当金を繰り入れる場合

【取引】上記と同じ取引。

【仕訳】

（貸倒引当金繰入）1,500	（貸倒引当金）1,500
↑	↑
費用の増加	資産のマイナスの増加

【説明】2,000 － 500 ＝ 1,500 円が足りないので、これを繰り入れます。

> 原則としては洗替法を採用します
> 余談ですが、会社員の退職金なども引当金の対象になっています

03 決算整理 ❹有価証券

有価証券の価値を期末での時価に置き換えます

売買目的で保有する有価証券は期末の時価で評価替えをします

株式

買ったときの価格に比べて時価(市場価格)が高ければ利益、低ければ損失がでます。

←買った金額→
利益　損失

500円の利益の場合、損失の場合のそれぞれの仕訳です

(売買目的有価証券) 500　　(有価証券評価益) 500
　　　↑　　　　　　　　　　　　↑
　　資産の増加　　　　　　　　収益の増加

(有価証券評価損) 500　　(売買目的有価証券) 500
　　　↑　　　　　　　　　　　　↑
　　費用の増加　　　　　　　　資産の減少

実際には売却していないのでこの利益や損失が確定しているわけではないのですが、

売買目的の有価証券に関しては時価で評価したほうが正しい状態を示すと考えられます。

未実現だけど…

売買目的に関しては？　他に何かあるの？

うん

本書では取り扱っていませんが会社は売買目的以外に子会社や関連会社の株式、満期まで保有する目的で債券を所有することがあります

子会社株式

満期保有目的債券

これらは売却する予定がないため時価の変動に影響を受けないと考えて評価替えをしません

所有目的によって扱いを変えるほうが会社の状態を正しく示せるんですね

具体的な仕訳

この項で覚える勘定科目

有価証券評価益（収益）、有価証券評価損（費用）

当期末に有価証券の評価替えをする場合

【取引】6/1 に売買目的で A 社株式を 2,000 円× 1,000 株購入した。期末において A 社株式の市場価格は @2,500 だった。

【仕訳】　　　　　　　　　　　　　　　　　　　単位：万円

（売買目的有価証券）50	（有価証券評価益）50
↑	↑
資産の増加	収益の増加

【説明】(2,500 － 2,000) × 1,000 ＝ 50 万円、有価証券の帳簿価額が増加。

翌期に評価を元に戻す場合（洗替法）

【取引】売買目的有価証券の会計処理について、洗替法を採用している場合の翌期首の仕訳。

【仕訳】　　　　　　　　　　　　　　　　　　　単位：万円

（有価証券評価損）50	（売買目的有価証券）50
↑	↑
費用の増加	資産の減少

【説明】期末に行った評価替えと反対の仕訳をします。これで帳簿価額が取得時の原価に戻ります。

■有価証券の評価替えの 2 つの方法

　売買目的有価証券の評価替えには「**洗替法**」「**切放法**」の 2 通りがあります。「洗替法」は期末に行った評価替えを翌期首に逆仕訳をして帳簿価額を元に戻します。「切放法」は評価替えをしたらそのままで、元に戻したりはしません。つまり、必要な仕訳は期末の評価替えのみです。

　原則としては洗替法を採用することになっています。

4 章　1 年間のまとめ！ 決算書をつくろう

03 決算整理 ❺収益・費用の見越・繰延

未収・未払の損益
前受・前払の損益

決算整理の1つ
収益・費用の**見越**
について見てみましょう

みこし？

わっしょい
わっしょい

HAHAHAHA
そりゃ神輿やないか〜

……

はい
進めます

「見越」というのは
すでに収益や費用が
発生していると
考えられるけれども
未だ計上されて
いない取引に対して
行う処理です。

例えば利息を
ある期間経過後に
受け取ったり、
支払ったりする
とします

当期　次期
9か月　3か月

利息の受取り
利息の支払い

利息を受領したり
支払ったりすれば
当然仕訳を
するわけですが

当期の段階では
まだ何も処理を
していません

9か月　3か月
まだ仕訳していない　利息発生／当然仕訳する

現金を取得した
等が起きていない
からですね

しかしこの利息は
この期間全体に対する
ものなので、当期に属する
部分については当期の損益
になるべきです。

当期　次期
9か月　3か月
この分は入れておきたい

そこで期末に
当期の分の仕訳をします。

これが見越であり、
未収収益(資産)と
未払費用(負債)
という勘定を用います。

【取引】受取利息が300円発生していると見なす場合

（未収収益）300　　（受取利息）300

資産の増加　　　　　負債の増加

【取引】支払利息が200円発生していると見なす場合

（支払利息）200　　（未払費用）200

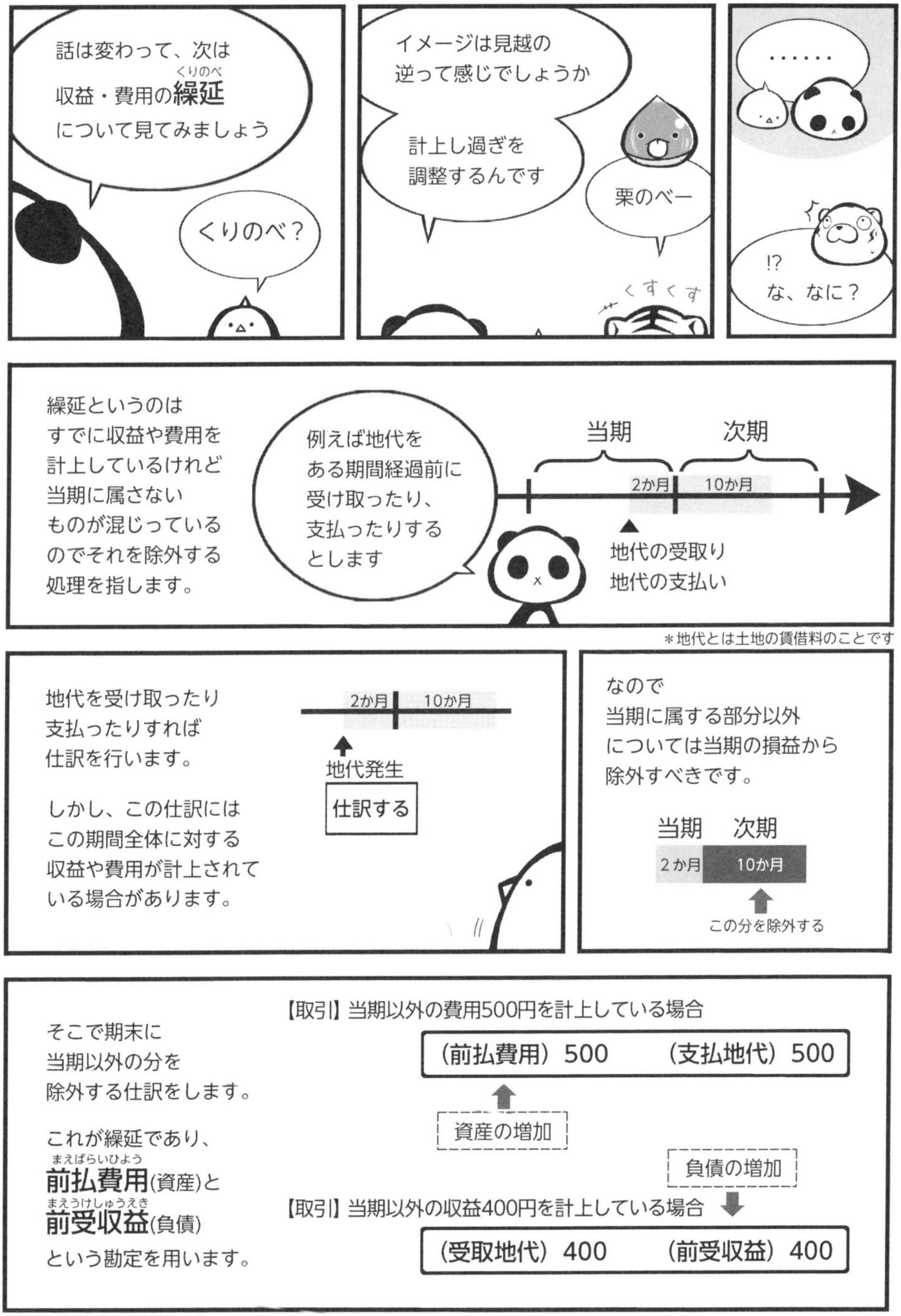

話は変わって、次は**収益・費用の繰延**について見てみましょう

イメージは見越の逆って感じでしょうか

計上し過ぎを調整するんです

栗のベー

くりのべ？

……

！？な、なに？

繰延というのはすでに収益や費用を計上しているけれど当期に属さないものが混じっているのでそれを除外する処理を指します。

例えば地代をある期間経過前に受け取ったり、支払ったりするとします

当期 | 次期
2か月 | 10か月
▲
地代の受取り
地代の支払い

＊地代とは土地の賃借料のことです

地代を受け取ったり支払ったりすれば仕訳を行います。

しかし、この仕訳にはこの期間全体に対する収益や費用が計上されている場合があります。

2か月 | 10か月
↑
地代発生
仕訳する

なので当期に属する部分以外については当期の損益から除外すべきです。

当期 | 次期
2か月 | 10か月
↑
この分を除外する

そこで期末に当期以外の分を除外する仕訳をします。

これが繰延であり、**前払費用**(資産)と**前受収益**(負債)という勘定を用います。

【取引】当期以外の費用500円を計上している場合

（前払費用）500　　（支払地代）500

↑
資産の増加

負債の増加

【取引】当期以外の収益400円を計上している場合

（受取地代）400　　（前受収益）400

第4章 1年間のまとめ！決算書をつくろう

具体的な仕訳

この項で覚える勘定科目
未収収益（資産）、未払費用（負債）、
前払費用（資産）、前受収益（負債）

費用の見越を行う場合

【取引】当期（4/1～3/31）の10/1に10,000円を借り入れ、翌期の9/30に利息とともに元本を返済する。利率は2%とする。決算整理仕訳をする。

【仕訳】　（支払利息）100　　（未払費用）100
　　　　　　　↑　　　　　　　　↑
　　　　　費用の増加　　　　　負債の増加

【説明】利息は10,000円×2%×6か月／12か月＝100円。まだ何の仕訳もされていないので当期に属する10/1～3/31の6か月の費用を計上する。

費用の見越の翌期の仕訳

【取引】上記取引に対する翌期首の仕訳。

【仕訳】　（未払費用）100　　（支払利息）100
　　　　　　↑　　　　　　　　　↑
　　　　　負債の減少　　　　　費用の減少

【取引】9/30になり、元本と利息を現金で支払った。

【仕訳】　（借入金）　10,000　　（現金）10,200
　　　　　（支払利息）　200
　　　　　　↑
　　　　　費用の増加

【説明】翌期首に決算整理仕訳の逆仕訳をします。そして返済日になり支払利息を計上します。ここで計上する支払利息は10/1～9/30のもので、期首の支払利息の減少と相殺することで翌期分(4/1～9/30)になります。

費用の繰延を行う場合

【取引】当期（4/1〜3/31）の 1/1 にむこう 1 年分の保険料 12,000 円を現金で支払った。

【仕訳】　（支払保険料）12,000　（現金）12,000
　　　　　　　　↑　　　　　　　　　　↑
　　　　　　費用の増加　　　　　　資産の減少

【取引】3/31 上記の決算整理仕訳を行う。

【仕訳】　（前払費用）9,000　（支払保険料）9,000
　　　　　　　　↑　　　　　　　　　　↑
　　　　　　資産の増加　　　　　　費用の減少

【説明】12,000 円のうち、当期に属するのは 1/1〜3/31 の 3 か月分だけです。だから残りの 9 か月分（9,000 円）の費用を減少します。その分を前払いとして資産を計上します。

費用の繰延の翌期の仕訳

【取引】上記取引に対する翌期首の仕訳。

【仕訳】　（支払保険料）9,000　（前払費用）9,000
　　　　　　　　↑　　　　　　　　　　↑
　　　　　　費用の増加　　　　　　資産の減少

【説明】決算整理仕訳の逆仕訳をします。これによって 4/1〜12/31 の 9 か月分の費用を計上したことになります。見越や繰延の決算整理仕訳をした翌期首に逆仕訳をすることで、翌期の収益や費用が計上されることになります。

収益の繰延を行う場合

【取引】当期（4/1〜3/31）の1/1にむこう1年分の地代24,000円を現金で受け取った。

【仕訳】　（現金）24,000　　（受取地代）24,000
　　　　　　　↑　　　　　　　　↑
　　　　　資産の増加　　　　　収益の増加

【取引】3/31 上記の決算整理仕訳を行う。

【仕訳】　（受取地代）18,000　　（前受収益）18,000
　　　　　　　↑　　　　　　　　　↑
　　　　　収益の減少　　　　　　負債の増加

【説明】24,000円のうち、当期に属するのは1/1〜3/31の3か月分だけです。だから残りの9か月分（18,000円）の収益を減少します。その分を前受として負債を計上します。

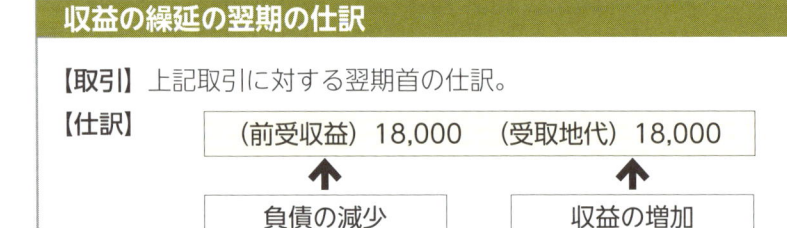

収益の繰延の翌期の仕訳

【取引】上記取引に対する翌期首の仕訳。

【仕訳】　（前受収益）18,000　　（受取地代）18,000
　　　　　　　↑　　　　　　　　　↑
　　　　　負債の減少　　　　　　収益の増加

【説明】決算整理仕訳の逆仕訳をします。これによって4/1〜12/31の9か月分の収益を計上したことになります。

■特殊な勘定「経過勘定」って何？

「見越」と「繰延」を考えるのは、複数の会計期間にまたがっている収益・費用に対してです。当期に属する部分だけを取り出すために足したり引いたりをします。

　ここで用いられる**「未収収益」「未払費用」「前払費用」「前受収益」**、これら４つの勘定は**経過勘定**と呼ばれ少し特殊な勘定です。

　経過勘定というのは「一定の契約に従い、継続して役務の提供を受ける（または行う）場合に、役務の提供とその対価の時期的な食い違いがある際、資産もしくは負債として計上する」勘定を指します。
「一定の契約に従い、継続して役務の提供」というのは、ある期間を一単位として、「役務＝何らかのサービス」の提供が行われる、ということです。
　例えばスーパーで卵を購入する場合、商品のやり取りは一度だけですが、保険の場合だと、ある期間を対象に料金を支払い、その間損害の補償というサービスを提供してもらえます。
　この保険のようなスタイルが「継続した役務の提供」です。
　この継続する期間に当期と次期以降が含まれている場合に、両者を分離する処理が必要になるのです。

　ところで、「未払金」「未収入金」という勘定科目があります。一見すると「未払費用」「未収収益」とよく似ているので混同してしまいそうですが、これらは全くの別物なのでしっかり分けて覚える必要があります。
　未払費用・未収収益はここで説明してきたように経過勘定です。つまり「継続して役務を提供する or 受ける」という場合が該当します。
　しかし、未払金・未収金は「継続した役務」には関係なく「払うべきものをまだ払っていない」、「もらうべきものをまだもらっていない」という際に用いる勘定科目です。買掛金や売掛金に近い性質の、本業以外の取引に用いる勘定だと考えておけばよいでしょう。

04 決算振替と帳簿の締め切り

> すべての金額を集結させるための振替仕訳

決算整理後残高試算表の後に振替仕訳を行います。これを決算振替と呼び決算振替は2段階あります。

決算振替
- 1. 損益振替
- 2. 資本振替

勘定科目の種類はたくさんありますが、これらは最終的に2つの表にまとめられます。

決算振替はそのための処理だと言えます。

勘定科目 → 経営成績 / 財政状態

手順としては、まず経営成績に関する費用と収益に対しての処理を行います

費用　収益

結論から言うと費用・収益の勘定をすべて損益という勘定に集結させます。

損益勘定はこの決算においてのみ登場する勘定です。

例えば決算整理後、費用と収益の勘定の残高が以下のようになっているとします。

> 貸借の数字が同じじゃないね

仕入		売上	
1,300			1,500

通信費		受取利息	
125			100

これを損益勘定に振り替えます。

(損益)	1,300	(仕入)	1,300
(損益)	125	(通信費)	125
(売上)	1,500	(損益)	1,500
(受取利息)	100	(損益)	100

これが決算振替の第一段階である「**損益振替**」です

すると各勘定はこうなります

仕入		売上		損益	
1,300	損益 1,300	損益 1,500	1,500	仕入 1,300	売上 1,500
				通信費 125	受取利息 100

通信費		受取利息	
125	損益 125	損益 100	100

仕入		
1,300	損益 1,300

各勘定の貸借が一致していますね

この決算振替の段階で各勘定を締め切ります。「締め切る」つまりもうこれ以上数字が入らないようにしてしまうわけです。

仕入		
諸口 1,300	損益 1,300	
1,300	1,300	

合計の下に二重線を引いて帳簿記入を終了します

＊諸口とは複数の勘定科目をまとめて表現する際に使用します

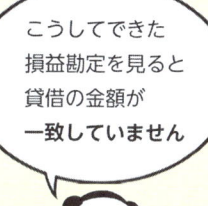

こうしてできた損益勘定を見ると貸借の金額が**一致していません**

損益	
仕入 1,300	売上 1,500
通信費 125	受取利息 100
計 1,425	≠ 計 1,600

確かにね

この差額が利益または損失なのですが、ここでもやはり貸借を一致させる仕訳をします。

これが決算振替の第二段階である「**資本振替**」です。

資本振替

純資産の増加 ↓

（損益）175　（繰越利益剰余金）175

繰越利益剰余金という**純資産**の勘定に損益を振り替えます。この勘定は今までの留保した利益額を累積したものです。

損益	
仕入　1,300	売上　　1,500
通信費　125	受取利息　100
利益剰余金 175	
計 1,600	＝ 計 1,600

これで損益の貸借は一致して収益・費用における処理は完了です。

決算振替はこれで終わり……ちょっと休憩しましょうか

うん

ふぅ

さて、資産などのまとめ方の話をする前に、はじめて出てきた繰越利益剰余金について見てみましょう

繰越利益剰余金

ふむ

4章　1年間のまとめ！決算書をつくろう

純資産を扱うのははじめてだね

ですね

企業活動の結果、利益が出ていれば現金など資産が増加します。

しかしこのままでは貸借が一致しないので貸方を増加させなければいけません。

負債が増加したわけではないので増加させるのは純資産です。

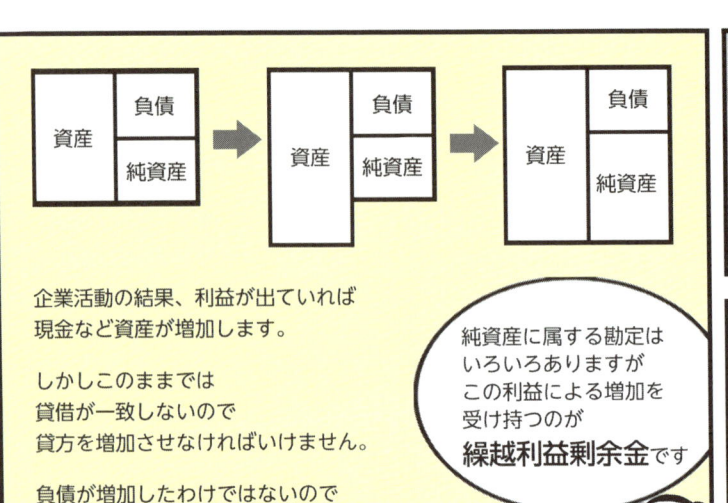

純資産に属する勘定はいろいろありますがこの利益による増加を受け持つのが**繰越利益剰余金**です

繰越利益剰余金の期首から期末までの動きを見てみましょう

期首

繰越利益剰余金

	前期繰越 100

期首の段階では前期からの繰越分が計上されています。

期中

繰越利益剰余金

未払配当金 50	前期繰越 100
利益準備金 5	

前期の利益に対して株主総会で配当金の額が決定されます。
これは利益剰余金から配当されます。

＊配当に伴って利益準備金が積み立てられます。
　しかしこれは簿記の基礎学習では
　必要ない知識ですので割愛します。

期末

繰越利益剰余金

未払配当金 50	前期繰越 100
利益準備金 5	損益 175

そして期末に当期の利益が損益勘定から振り替えられます。

以上で繰越利益剰余金への記載が完了し、資産・負債・純資産の勘定全ての数字が出揃いました。

では、資産などの**勘定をまとめる**処理を進めましょう。

決算整理後の資産・負債・純資産の
残高が以下のようになっているとします。

現金	
500	

買掛金	
	40

売掛金	
60	

資本金	
	1,000

建物	
700	

繰越利益剰余金	
	220

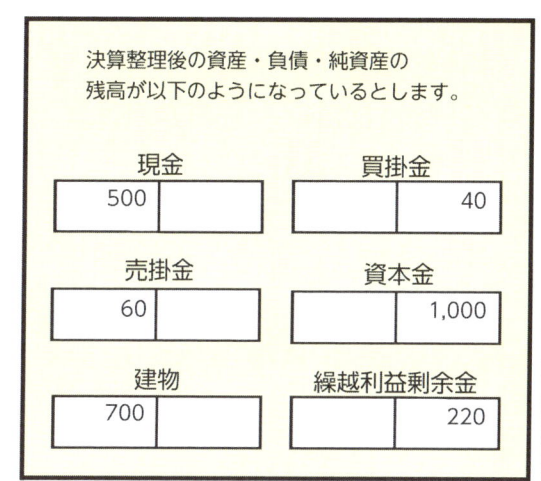

この各勘定を締め切る方法は
貸借が一致するように
次期繰越（じきくりこし）と書き込みます。

現金

諸口	500	次期繰越	500
	500		500

買掛金

次期繰越	40	諸口	40
	40		40

4章 1年間のまとめ！決算書をつくろう

この「次期繰越」というのは
勘定ではありません。
単なる文字を書き込んでいるだけです。

費用・収益は損益という勘定に
振り替えることで1つの表に
まとめましたが、
資産・負債・純資産は
特定の勘定に振り替えること
はしません。

つまり**仕訳**をしません。

ん？

資産・負債・純資産をまとめる
役割を担っているのは勘定ではなく
繰越試算表（くりこししさんひょう）という試算表です。

これは決算振替後の
残高試算表とも言えます。

資産 → 繰越試算表 ← 負債
　　　　　　　　　　← 純資産

繰越試算表

現金	500	買掛金	40
売掛金	60	資本金	1,000
建物	700	繰越利益剰余金	220

こんな感じで
1つの表に
まとめるんですね

これで収益・費用をまとめた表、
資産・負債・純資産をまとめた表が
完成しました。

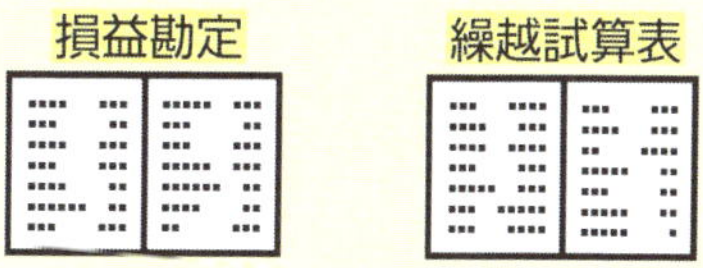

損益勘定　　　繰越試算表

次はこれを使って
簿記の目標である
会社の成績表を
作成します

いよいよ
だね

> **この項で覚えるべき単語**
>
> 決算振替、損益（勘定科目）、繰越利益剰余金（純資産）

決算振替の流れ

　決算振替とは、その名の通り決算時に行う振替仕訳です。振替とは、ある勘定の金額を別の勘定の金額に移し替える手続きを指します。誤った仕訳の修正であったり、見越・繰延などの仕訳も振替です。
　決算振替は①損益振替と、②資本振替で構成されています。

①損益振替では収益・費用が損益勘定へ振り替えられます。
　ここですべての収益・費用が損益へ振り替えられるので「**損益振替**」です。これですべての収益・費用が集結します。

②資本振替では損益勘定から繰越利益剰余金勘定へ振り替えられます。
　繰越利益剰余金は純資産の中の資本（株主由来の出資金）に属します。だから資本への振替で「**資本振替**」と呼びます。

　ところで収益・費用は「損益」勘定に振替えるのに、資産・負債・純資産は「繰越試算表」を用います。なぜでしょう？
　実は「**決算残高**」という勘定に振り替える手法もあるのです。

（決算残高）	500	（現金）	500	………資産
（買掛金）	40	（決算残高）	40	………負債
（資本金）	1,000	（決算残高）	1,000	……純資産

このような振替仕訳をして、決算残高勘定に資産・負債・純資産の諸勘定を集結させます。

「繰越試算表」を用いる方法を英米式決算法、「決算残高」を用いる方法を大陸式決算法と呼びます。どちらの方法を用いても少し処理に違いがあるだけで同じです。私は繰越試算表をメインに学んだので、本書でも繰越試算表を先に取り上げました。

損益⇒繰越利益剰余金⇒繰越試算表への流れは下図のようになります。

損益

3/31 仕入	1,300	3/31 売上	1,500
3/31 通信費	125	3/31 受取利息	100
3/31 繰越利益剰余金	175		
	1,600		1,600

繰越利益剰余金

6/25 未払配当金	50	4/1 前期繰越	100
6/25 利益準備金	5	3/31 損益	175
3/31 次期繰越	220		
	275		275

繰越試算表 (3/31)

現金	500	買掛金	40
売掛金	60	資本金	1,000
建物	700	繰越利益剰余金	220
	1,260		1,260

05 損益計算書をつくろう

経営成績を示す成績表 100点

さて、いよいよ簿記学習の最終局面にやってまいりました

成績表の1つ **損益計算書(そんえきけいさんしょ)**を作成しましょう

損益計算書は経営成績を示す表で、英語ではProfit and Loss Statementと呼ばれます。
一般的に略してP/L(ピーエル)と呼ばれています。

＊他にもIncome Statement等とも呼ばれます

P/Lは損益勘定の数字を使って、体裁を整えて作成されます。

損益 → P/L

体裁？

P/Lは勘定の羅列ではなく、書き方が決められているんです

損益計算書

Ⅰ 売上高		1,000
Ⅱ 売上原価		600
売上総利益		400
Ⅲ 販売費及び一般管理費		
1.給料手当	140	
2.販売手数料	50	
3.貸倒引当金繰入	20	
4.減価償却費	70	280
営業利益		120
Ⅳ 営業外収益		
1.受取利息配当金		20
Ⅴ 営業外費用		
1.支払利息		10
経常利益		130
Ⅵ 特別利益		
1.固定資産売却益		50
Ⅶ 特別損失		
1.固定資産除却損		30
税引前当期純利益		150
法人税等		50
当期純利益		100

一般的な様式はこんな感じです

時代の変遷とともに変化していく可能性はありますが、根本的な部分は変わらないでしょう

眠くなりそうな文字群ですが、ちょっと見ていきましょう

> 損益勘定に
> まとめたんだから
> それでいいじゃないか！
> 何でわざわざ別の
> 表記方法にするんだ？

> と思って
> しまいますが
> これは見やすく
> するためなんです

> 見やすく

> 一言で収益・費用と言ってもそれぞれの勘定の属性はさまざまです。
>
> 本業によるもの、本業以外によるもの、突発的に発生したものいろいろあるんです。

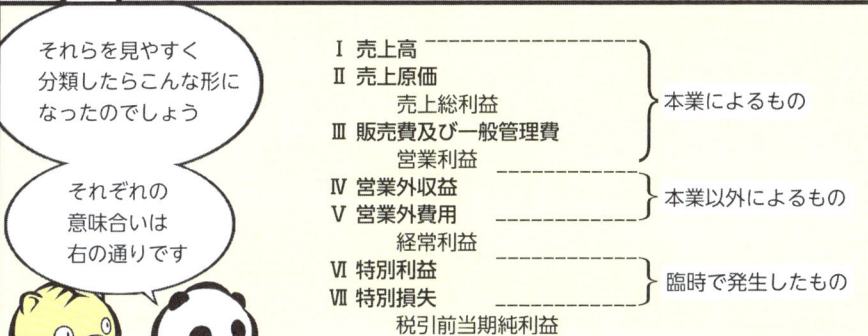

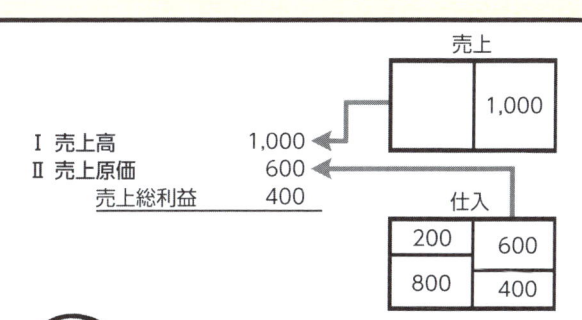

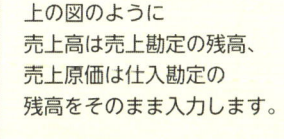

4章　1年間のまとめ！　決算書をつくろう

> それらを見やすく分類したらこんな形になったのでしょう
>
> それぞれの意味合いは右の通りです

```
Ⅰ  売上高          ┐
Ⅱ  売上原価         │ 本業によるもの
       売上総利益    │
Ⅲ  販売費及び一般管理費 ┘
       営業利益
Ⅳ  営業外収益       ┐ 本業以外によるもの
Ⅴ  営業外費用       ┘
       経常利益
Ⅵ  特別利益        ┐ 臨時で発生したもの
Ⅶ  特別損失        ┘
       税引前当期純利益
```

> では上から順に内容を見ていきましょう

	売上
	1,000

Ⅰ 売上高　　　　　1,000
Ⅱ 売上原価　　　　 600
　　売上総利益　　　 400

仕入	
200	600
800	400

> 上の図のように売上高は売上勘定の残高、売上原価は仕入勘定の残高をそのまま入力します。
>
> ここは商品の**売上**と**仕入**にのみ着目しています。

> P/L上の表記が売上高、売上原価になる点が注意です

> 一番下にある**売上総利益**（うりあげそうりえき）は売上高から売上原価を引いた数字で、一番単純な利益です。
>
> これは一般に**粗利**（あらり）と呼ばれるものです。

仕入@80 → 粗利@20 → 売上@100

次は「販売費及び一般管理費」です。
よく**販管費**と略されます。

ここには人件費や
店や社屋の減価償却費など
通常の企業活動に要する
費用を記載します。

```
Ⅲ 販売費及び一般管理費
  1.給料手当         140
  2.販売手数料        50
  3.貸倒引当金繰入     20
  4.減価償却費        70   280
     営業利益              120
```

営業利益というのは
売上総利益から販管費を
控除した金額で、
本業での利益を指します。

> 本業でちゃんと利益を
> あげているかが
> わかるんですね

> 八百屋は
> 儲かってる？

```
Ⅳ 営業外収益
  1.受取利息配当金     20
Ⅴ 営業外費用
  1.支払利息          10
     経常利益             130
```

次の営業外収益、営業外費用は
本業以外の収益と費用を示しています。

預金の利息や配当金などを
書き込むことになります。

経常利益とは
営業利益＋営業外収益－営業外費用
この算式で計算される利益で、
その名の通り、
経常的に生じる利益です。
売上高、売上原価、販管費、利息など
どれも毎年発生するからです。

```
Ⅵ 特別利益
  1.固定資産売却益     50
Ⅶ 特別損失
  1.固定資産除却損     30
```

特別利益・特別損失は臨時で
発生した収益・費用を指し、
固定資産売却益などが入ります。

以上の収益、費用を
合計すると1年間の
利益が算出され、
その利益に対して
税金が課されます

```
税引前当期純利益     150
法人税等              50
当期純利益           100
```

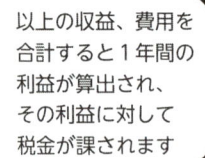

税金を引いた残りが
最終的な利益である
当期純利益です

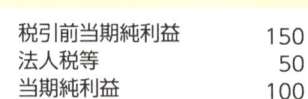

収益・費用を
その所属する場所に
書き込むことで
P/Lが完成するん
ですね

P × L

損益計算書で会社の本当の力が見える

損益計算書（P/L）は損益勘定の中身を書き込むことで作成します。

しかし、ただ勘定科目と数字を羅列しただけではどのように儲けているのかが理解しにくいので、読みやすいように分類してあげます。

それが本業、本業以外、臨時での3つの分類です。

例えば、純利益が100万円のA社とB社があるとします。A社は本業で100万円稼いで、B社は本業では0円でしたが、臨時的な収益で100万円稼ぎました。さて、来年も100万円程度稼ぎ出すと予想されるのはどちらの会社でしょう？　おそらくA社でしょうね。

本業なら継続的に稼ぐ可能性がありますが、臨時的な儲けを継続的に期待することはできません。そういう意味で損益を分類するのは、その会社の将来の成績を予想する上で役立ちます。

以下の通り、勘定科目によってP/L上に書き込む位置は大体決まっています。基本的な勘定科目の表示位置を示しています。

P／L上の表記	勘定科目
売上高	売上
売上原価	仕入
販売費及び一般管理費	給料、消耗品費、旅費交通費、通信費、租税公課、保険料、水道光熱費、減価償却費、貸倒引当金繰入
営業外収益	受取利息、受取配当金、有価証券利息、有価証券売却益、有価証券評価益
営業外費用	支払利息、手形売却損、有価証券売却損、有価証券評価損
特別利益	固定資産売却益
特別損失	固定資産除却損

売上高、売上原価、売上総利益、販管費、営業利益、営業外収益、営業外費用、経常利益、特別利益、特別損失、純利益。

これらの名前と順番は空（そら）で書けるようになっておくとよいでしょう。

06 貸借対照表をつくろう

> 財政状態を示す成績表

> もう1つの成績表 **貸借対照表（たいしゃくたいしょうひょう）**を作成しましょう

> ついに最後だね

> 貸借対照表は財政状態を示す表で、英語ではBalance Sheetと呼ばれます。一般的に略してB/S（ビーエス）と呼ばれています。

> B/Sは繰越試算表の数字を使って、体裁を整えて作成されます。

繰越試算表 → B/S

貸借対照表

資産の部	負債の部
Ⅰ 流動資産 　　現金預金 　　受取手形 　　売掛金 　　　貸倒引当金 　　有価証券 　　商品 　　前払費用 　　　流動資産合計 Ⅱ 固定資産 　1.有形固定資産 　　建物 　　　減価償却累計額 　2.無形固定資産 　　ソフトウェア 　3.投資その他の資産 　　長期定期預金 　　　固定資産合計 Ⅲ 繰延資産 　　開発費 　　　資産合計	Ⅰ 流動負債 　　支払手形 　　買掛金 　　短期借入金 　　未払費用 　　前受収益 　　　流動負債合計 Ⅱ 固定負債 　　長期借入金 　　　固定負債合計 　　　負債合計 **純資産の部** Ⅰ 株主資本 　1.資本金 　2.資本剰余金 　3.利益剰余金 　　(1)利益準備金 　　(2)繰越利益剰余金 　　　株主資本合計 　　　負債・純資産合計

> 一般的な様式はこんな感じです

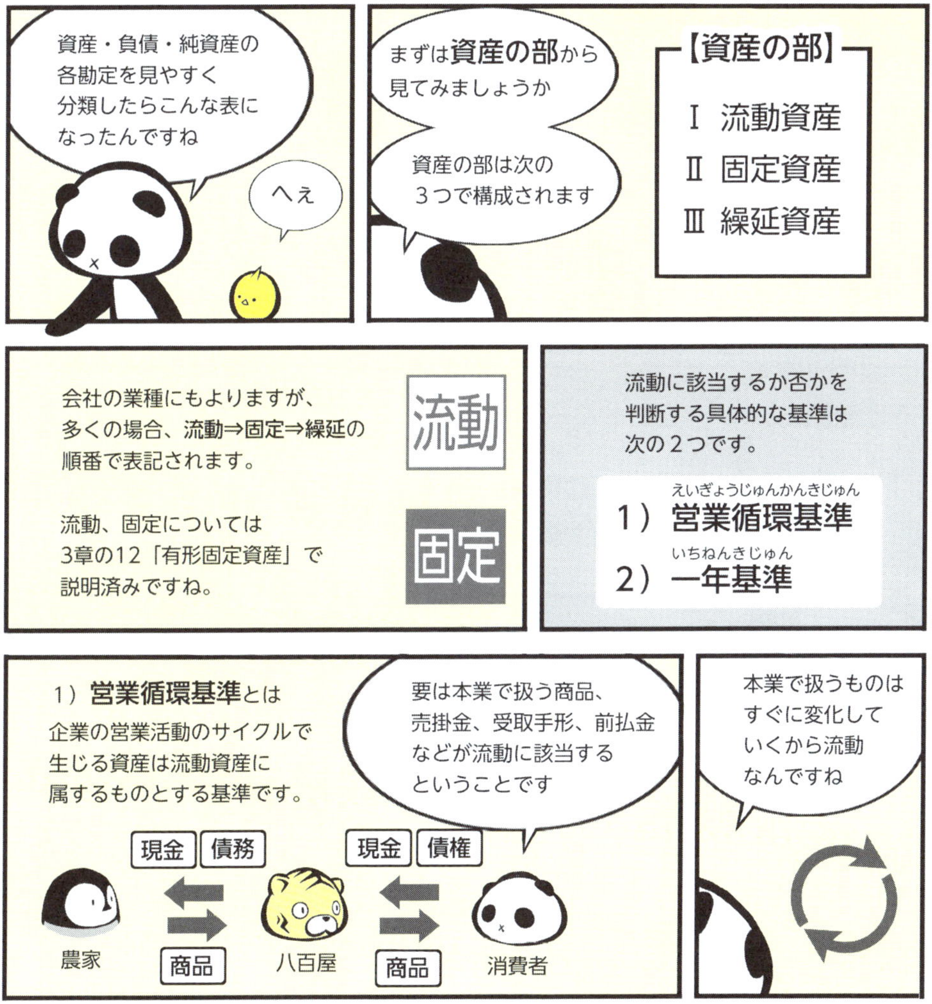

資産・負債・純資産の各勘定を見やすく分類したらこんな表になったんですね

へえ

まずは**資産の部**から見てみましょうか

資産の部は次の3つで構成されます

【資産の部】
Ⅰ 流動資産
Ⅱ 固定資産
Ⅲ 繰延資産

会社の業種にもよりますが、多くの場合、流動⇒固定⇒繰延の順番で表記されます。

流動、固定については3章の12「有形固定資産」で説明済みですね。

流動

固定

流動に該当するか否かを判断する具体的な基準は次の2つです。

1) **営業循環基準**（えいぎょうじゅんかんきじゅん）
2) **一年基準**（いちねんきじゅん）

1) **営業循環基準**とは
企業の営業活動のサイクルで生じる資産は流動資産に属するものとする基準です。

要は本業で扱う商品、売掛金、受取手形、前払金などが流動に該当するということです

本業で扱うものはすぐに変化していくから流動なんですね

農家 →現金/←商品 八百屋 →現金/←商品 消費者
　　　債務　　　　　　　　　債権

2) **一年基準**とは
期首から1年以内になくなる予定のものは流動に属するとする基準です。

これは1年以内に返却される貸付金や前払費用などが該当します。

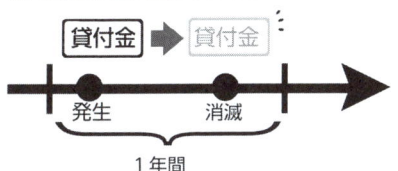

貸付金 → 貸付金
発生　　消滅
　1年間

こういった基準に当てはまらないものを固定資産とします。
これには建物や土地、ソフトウェア、定期預金などが該当します。

長い間そのままの状態のものが固定なんだね

4章 1年間のまとめ！決算書をつくろう

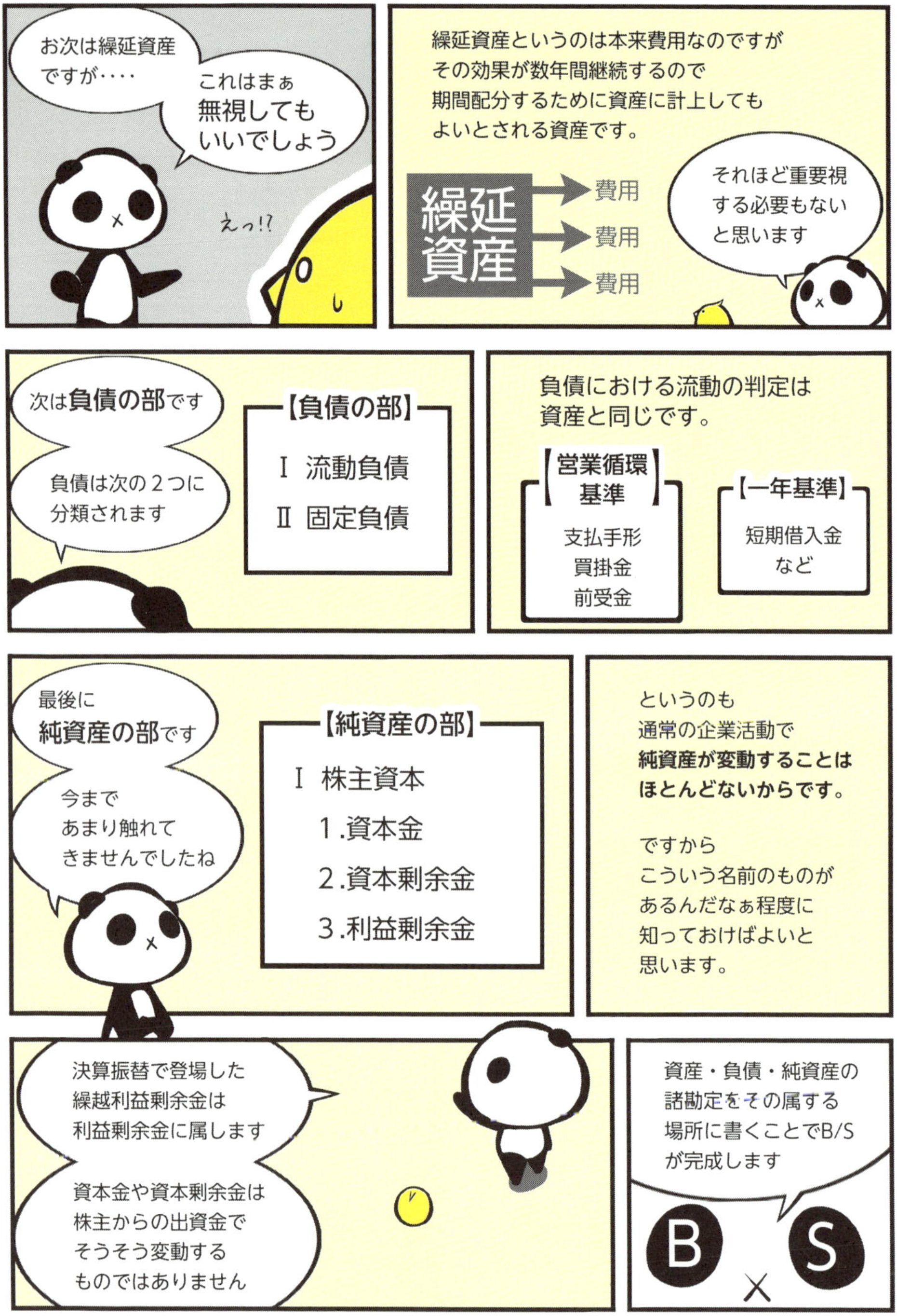

お次は繰延資産ですが‥‥

これはまぁ無視してもいいでしょう

えっ!?

繰延資産というのは本来費用なのですがその効果が数年間継続するので期間配分するために資産に計上してもよいとされる資産です。

繰延資産 → 費用
→ 費用
→ 費用

それほど重要視する必要もないと思います

次は**負債の部**です

負債は次の2つに分類されます

【負債の部】
Ⅰ 流動負債
Ⅱ 固定負債

負債における流動の判定は資産と同じです。

【営業循環基準】
支払手形
買掛金
前受金

【一年基準】
短期借入金
など

最後に**純資産の部**です

今まであまり触れてきませんでしたね

【純資産の部】
Ⅰ 株主資本
　1. 資本金
　2. 資本剰余金
　3. 利益剰余金

というのも通常の企業活動で**純資産が変動することはほとんどないからです。**

ですからこういう名前のものがあるんだなぁ程度に知っておけばよいと思います。

決算振替で登場した繰越利益剰余金は利益剰余金に属します

資本金や資本剰余金は株主からの出資金でそうそう変動するものではありません

資産・負債・純資産の諸勘定をその属する場所に書くことでB/Sが完成します

B／S

貸借対照表で会社の経営が見える

貸借対照表（B/S）は繰越試算表の中身を記載することで作成します。ただ勘定科目と金額の羅列では理解しにくいので、その属性に分類して表示します。

具体的には資産・負債・純資産に分け、さらに短期間（1年以内）で変化するもの、長期間（1年超）変化しないものとに分けます。

短期のものを把握することで、負債であれば間もなく必要となる現金、資産であればすぐに現金化できるものがわかります。これで短期的な経営がうまくいくのかが推測できます。

繰延資産というのはもともと費用だけれども、その影響が数年間続くので資産に計上して数年間で費用配分するものです。減価償却資産と似た印象ですが、繰延資産には建物のように売却できる換金性はありません。繰延資産に該当する勘定科目はかなり限定され、しかも資産計上するかは任意なので、株式公開している会社のB/Sを見てみてもあまり書かれていません。参考程度でよいでしょう。

以下に基本的な勘定科目のB/S上での記載箇所を示します。

B／S上の表記		勘定科目
資産	流動資産	現金、当座預金、受取手形、売掛金、売買目的有価証券、繰越商品、前払金、前払費用、未収金、未収収益、短期貸付金
	固定資産	建物、備品、土地、ソフトウェア、長期定期預金など
	繰延資産	創立費、開業費、開発費など
負債	流動負債	支払手形、買掛金、短期借入金、未払金、未払費用、前受金、前受収益
	固定負債	長期借入金、社債
純資産	株主資本	資本金、資本準備金、繰越利益剰余金など

B/S上の流動と固定の表示順は、通常は流動、固定の順番です。ただし、固定資産の割合が高く重要度の高い業種、例えば鉄道・電力・ガス事業などでは固定、流動の順に記載することがあります。

コラム④

■簿記を私生活に活用する②

　費用は**変動費**と**固定費**というものに分類されます。
　変動費とは使えば使うほど比例的に増加する費用。
　固定費とは使っても使わなくても一定額、固定的に発生する費用です。これらを考えることで抑えるべき費用が見え、今後のお金の計画が立てやすくなります。

　例えば個人で言えば、外食費や衣料費などは変動費です。賃貸住宅の家賃や持ち家の住宅ローンの支払いなどは固定費です。
　ある個人の1か月の収入、固定費、変動費の例を挙げてみましょう。

	摘要	金額	
収入	給与	200,000	204,000
	株式配当	4,000	
固定費（費用）	住宅ローン	50,000	90,000
	自動車ローン	20,000	
	携帯電話基本料	5,000	
	ネット定額料金	5,000	
	水道光熱費	10,000	
	可処分利益	114,000	
変動費（費用）	食費	20,000	40,000
	衣料費	10,000	
	交際費	5,000	
	書籍費	5,000	
	剰余金	74,000	

　収入（204,000円）−固定費（90,000円）＝可処分利益（114,000円）。可処分利益と勝手に表現していますが、これがとりあえず自由に使えるお金です。固定費は強制的に支出される金額なので、収入から固定費を控除した残額があなたの使えるお金です。もし、毎月50,000円の貯

金をしたいのであれば、可処分利益（114,000円）－ 50,000円＝64,000円、変動費をこの金額以内に収めなければいけません。

　費用は変動費と固定費に分類されると言いましたが、実際には変動費と固定費に明確に分類できない費用があります。水道光熱費は基本料金が固定費で、ある一定量を超えて使用すると変動費が発生します。食費に関しても固定費ではないにしても、最低限生きていくための食費は必ず発生します。ですが、そのあたりは家計では厳密に考えず、おおよその分類で大丈夫だと思います。

　それぞれの費用の金額は、家計簿をつけることでわかります。毎月の合計額の平均値を算出して、「自分のひと月あたりの食費は20,000円くらいだな」とわかれば、上記の表に金額を入力していきます。

　毎月の剰余金を増やしたければ、一番手っ取り早いのが変動費の削減です。この表の上にいくほど調整が困難になると思われます。
　来月から収入を10,000円アップ、と自分で決めてもそう簡単に給料が上がるわけでも、売上が上がるわけでもありません。お金儲けのため何か行動に移さなければいけないでしょう。
　固定費は必要不可欠なものである場合が多く、これを削減するのも骨が折れそうです。賃貸住宅なら引越しで家賃を下げることはできそうですが、何にせよ手間です。
　変動費は自分でコントロールが可能です。無駄な出費を抑えればいいだけのことです。

　もし、何かのためにお金を貯める必要があるのでしたら、期限と金額を決定し、現在から何か月期間があるのかを考えましょう。そして、ひと月あたり何円剰余金を生じればよいのかを計算し、使用できる変動費を逆算すれば、無理なく計画を実践できるはずです。
　自分の1か月の収支計画をつくってみると案外面白いものですよ。

5章
会社の成績表を読んでみよう

01 決算書を読む

> 決算書の数字を使って会社の実力を推し測る —— 会社

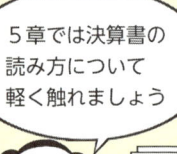

5章では決算書の読み方について軽く触れましょう。

簿記の目的は決算書の作成であり、できあがった決算書の分析はその学習範囲ではありません。

ですが少し知っておきましょう。

簿記 分析

読み方…？

決算書を作る方法を学んできたんだからわかるんじゃないの？

ん〜

決算書を**つくる技術**と**読む方法**はちょっと違うんです。

例えるならジグソーパズルを組み立てるまでが簿記で、

簿記 → 決算書 → 分析

パズルが完成して現れた絵を見ていろいろ考えるのが読む方法と言えるでしょう。

さて、決算書を読むときは
- 貸借対照表(B/S)
- 損益計算書(P/L)
- キャッシュフロー計算書(C/S)

を見比べながら分析します。

これに関連して、5章では以下の3点を少し駆け足で学びます。

1) キャッシュフロー計算書
2) 3表を一緒に見る
3) 代表的な指標

1) キャッシュフロー計算書についてはまだ触れていないので5章の2で、概要を説明します。

Cashflow Statement 略してC/Sです

2) 次にB/S、P/L、C/Sがどのように関連し合っているかの例を挙げて、

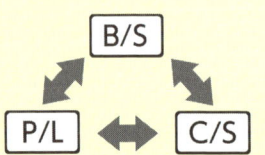

B/S ↔ P/L ↔ C/S

3) 最後に会社の状態を推し測る代表的な指標を紹介します。

指標

新しい概念が出てきますが軽〜く眺めてみてください

範囲外ですから

決算書から会社の実力を読み取ろう

　簿記の役割は、取引の会計情報を記録してまとめることです。成績表を読んで、その会社のよし悪しを評価するのは簿記の仕事ではありません。ですが、せっかく自分が作成したものなのですから、少しはその活用法を知っておくとよいと思います。そうすると会計情報が単なる数字ではなく、会社の実力を示す「生きた数字」に思えるようになります。

　会社の実力を読み取る成績表は主に==「貸借対照表」「損益計算書」「キャッシュフロー計算書」の3表==です。
　貸借対照表で財産の状態を、損益計算書で経営成績を、キャッシュフロー計算書で現金の動きを見ます。

　キャッシュフロー計算書は簿記入門書の範囲を超えているので、その作成方法までは説明しませんが、その読み方を紹介します。会計情報は経営者や経理担当者の考えが反映されがちですが、キャッシュフロー計算書は、現金そのものに着目した資料なので操作されにくい貴重な情報源です。

　簿記によって記録された資産、負債、純資産、収益、費用はその数字のままでは単なる数字の羅列にすぎません。
「流動資産が100万円ある」「売上高が200万円だった」
　だから何？　という話です。
　流動資産を見るなら流動負債も一緒に見る。売上高を見るなら前年度と比較する。数字単体を見るのではなく、他の数字と絡めて指標を算出し、一般的な基準値と比較して優れているのか、健全なのかを判断することで、私たちがつくる財務諸表に意味が生じます。

　本書では軽く触れる程度しか解説していませんが、簿記の学習がひと段落ついたら、決算書分析の解説書を読むことをお勧めします。

02 キャッシュフロー計算書とは何ぞや？

Cash Flow

- キャッシュフロー計算書とは、現金（キャッシュ）の流れ（フロー）に着目した成績表の1つです
- 前年より現金が増えたか減ったかを示しています。
- 現金は増えたほうがいいよね？
- ん〜
- 確かに経営がうまくいっている会社は現金が順調に増加します。
- ただ会社の**健全性**を見る上では必ずしも「現金の増加＝よい」わけではありません
- そうなの？
- それは現金の増減の原因がいろいろあるからです
- キャッシュフロー計算書では、現金の増減の原因を3つに分類しています
- 成績表は何かと分類するのが好きですね
- 分類したほうが読みやすいから？
- そうでしょうね
- さて3つの分類は次の通りです

営業活動によるキャッシュフロー
投資活動によるキャッシュフロー
財務活動によるキャッシュフロー

- 様式は次の図の通りです
- 名前長っ！

キャッシュフロー計算書

Ⅰ 営業活動によるキャッシュフロー	20,000
Ⅱ 投資活動によるキャッシュフロー	△6,000
Ⅲ 財務活動によるキャッシュフロー	△5,000
Ⅳ 現金及び現金同等物の増加額(減少額)	9,000
Ⅴ 現金及び現金同等物の期首残高	25,000
Ⅵ 現金及び現金同等物の期末残高	34,000

Ⅰ〜Ⅲの合計がⅣ

＊△はマイナスを表します

文字数が多いのでわかりにくいですが要は現金がどれだけ増減したのかを示しているだけです

「現金及び現金同等物」の**現金同等物**とは簡単に換金可能で、かつ価格変動リスクが少ない短期投資を言います。

例えば公社債投資信託、コマーシャルペーパー、満期日までの期間が3か月以内の定期預金などが挙げられます。
現金とほぼ同じように使えるものが該当します。

ところで「営業活動によるキャッシュフロー」というのは名前が長いので以降は「営業CF」と表現します。

では3つの分類の意味を順に見てみましょう

- 営業CF
- 投資CF
- 財務CF

営業CFとは本業での収入、支出を表したものです

次のようなものの合計が営業CFとして表示されます

営業CF

・商品を売って得た現金
・債権を回収した現金
・商品を仕入れて支払った現金
・債務を支払った現金

5章 会社の成績表を読んでみよう

ただし、営業CFには本業によるもの以外に営業、投資、財務のどれにも当てはまらないものを便宜上含めて表記することになっています。

それは利息や配当金の受け取り、利息や税金の支払いなどが該当します。

へ〜

営業CFは**プラス**であることが望ましいです。

本来のビジネスで現金が増えている、つまりちゃんと儲けていることを示すからです。

営業CFは「＋」

投資CFには次のものが区分されます

現金を投入してそこから何らかの利益を得る目的のものですかね

投資 CF

・固定資産の取得、売却
・有価証券の取得、売却
・貸付けとその回収

建物を購入すれば投資CFは減少し、貸付金を回収すれば投資CFは増加します。

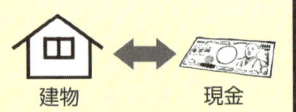

建物　　現金

投資CFは**マイナス**であることが望ましいと考えられます。

継続的に企業活動を行うためには固定資産への投資は欠かせません。これを怠ると将来行き詰まるかもしれません。

投資CFは「−」

財務 CF

・株式の発行
・自己株式の取得
・配当金の支払い
・社債の発行、返済
・借入金の借入、返済

財務CFは資金調達とその返済による現金増減を示します

借入金を返済すれば財務CFは減少し、社債を発行すれば財務CFは増加します。

借金等は返済したほうがよいので**財務CFはマイナス**であることが望ましいと考えられます。

財務CFは「−」

キャッシュフローの「＋」「−」が会社にとって好ましいかどうかはその区分によって異なるんですね

キャッシュフロー計算書で現金の流れをつかむ

キャッシュフロー計算書（以下 C/S と略）とは現金の流れに着目した成績表です。これは「前期の B/S」、「当期の B/S」、「当期の P/L」の3つを用いて作成されます。

C/S では現金の動きが営業活動、投資活動、財務活動の3種に区分され、その明細が記されます。営業 CF は通常のビジネスによって儲けた現金。投資 CF は将来のために投資した現金。財務 CF は資金調達に関して動いた現金を指します。

==営業 CF は「＋」、投資 CF は「－」、財務 CF は「－」。==これが望ましいキャッシュフローの状態です。さらに営業 CF が投資 CF と財務 CF の合計を上回る形が理想的です。例えば、以下のような状態です。

営業 CF	投資 CF	財務 CF
500	△300	△150

＊△はマイナスを意味します

これは本業の儲けによって将来への投資と借金の返済や株主への配当がまかなえていることを示します。ですが、以下のように営業 CF が十分でない場合、他所からお金を借りて投資している状態になってしまいます。

営業 CF	投資 CF	財務 CF
200	△300	150

そのときどきの経営戦略、経営状態によるのでしょうが、できれば先の例の形にしたいところです。

ところで、P/L の利益は恣意的に変化させられるのに対し、C/S は形のある現金を見ているので、数字を操作しにくい点が特徴です。そのため P/L より素直に読める決算書だと言えます。

03 決算書は単独では見るな？

これまでの学習で決算書の内容は大体わかりましたね

B/S　P/L　C/S

利益ならP/L、商品ならB/Sを見れば載ってるんだよね

そうですね

ただし利益を見る場合でも、B/S、C/Sも一緒に見たほうがよいでしょう

B/S + P/L + C/S

例えば八百屋さんのこんな決算書があるとします

		事業年度		
		X1年	X2年	X3年
P/L	売上高 営業利益	800 40	800 40	800 80
B/S	商品 売掛金 貸倒引当金	400 500 10	400 500 10	800 500 5
C/S	営業CF	30	30	30

X3年の営業利益がX1年、X2年に比べ増加しています

P/Lだけを見ると業績がよくなった！という印象ですが、B/SとC/Sにも注目してみましょう。

ん？と感じるはずです

まず決算書を読むポイントは比較することです。

前年度
↕
当年度

前年度との比較、同業他社との比較などです。

上記決算書の気になる点を挙げましょう。

1）売上高が増加していない
2）商品が妙に増加している
3）売掛金は同じなのに貸倒引当金が減っている
4）営業CFが増加していない

1) そもそも売上高が増加していないのに営業利益が増加しているのはどういうことでしょう？

人件費や経費削減を推し進めたのでしょうか？
気になります。

2) どうして商品在庫が前々年、前年に比べ大きく増加しているのでしょう？

売れないのに大量に仕入れた理由は何でしょう？

3) 貸倒引当金の見積額が低い。

引当金の見積額を低くした理由はわかりませんが、貸倒引当金を下げることで費用が下がり、結果的に利益が増加します。
そのためでしょうか？

4) 営業利益が増加しているのに営業CFが増加していません。

本業で本当に儲かっているなら収入も増加するはずです。
何かが変ですね。

営業利益 ↑ 増加 営業CF → 変化なし

……

結論から言うとX3年は利益を水増ししようと目論んだのだと考えられます。

売上高、営業CFが増加していないことから本業が特別好調だったわけではないようです。

前年と同じくらいの業績でした

では、どうして営業利益が増加したのでしょう？

おそらく商品の増加と貸倒引当金の減少に理由があるのでしょう。

他にも経費削減をした可能性はありますが。

りんご

商品は仕入れる量が増えるほど単価を低くすることができます。
@100

3章の8で説明した「割戻」によって値引をしてもらえるからです。
@90

5章 会社の成績表を読んでみよう

商品売買で費用になるのは
売れた分だけです。

ですから仕入単価が下がれば
同じ売上であっても
利益が増えることになります。

売上高	売上原価	利益
1,000 − 500	(@100×5個)	=500
1,000 − 450	(@90×5個)	=550

へ〜、たくさん仕入れたら利益は増えるんだ

いやいやいや

じゃあなるべくたくさん仕入れるべきだね

確かに見た目の利益は増えますが、果たして過剰に商品を抱えるのは会社にとってよいことでしょうか？

ん？

在庫を抱えるということはそれだけ資金を滞留させることになり、資金効率を悪化させます。

使えるお金が減少するのでビジネスの幅が狭まってしまいます。

現金 → 商品 ✕ 現金

にもかかわらず
X3年では大量に仕入れています。

特別な理由がないにもかかわらず
在庫を増やしたのなら
これは問題です。

当期はそれで利益が増加するかもしれませんが、そのツケは
次期以降にまわすことになります。

また貸倒引当金は
将来のリスクを計上したものです。

これをあえて少なくすれば
当期の利益は増加しますが、
次期の費用が増加する可能性が
高くなります。

結局これも次期に
ツケをまわす処理です。

むむむ

キッ！

いやいや

別にトラさんが悪さをしたわけではないよ？

ひぃ

正しい会計処理の範囲内であれば
利益を多く見せようとしても
それは嘘ではないのです。

B/S P/L C/S

ただ本当の実力が
わかりにくいので
3表を見比べて
推測するんですね

複数の決算書を一緒に見て歪みを見抜こう

　決算書を読む場合、その年の決算書だけではなく、前年度、前々年度のものと比較をしたり、同業他社と見比べたりすることでその会社の実力をより詳しく知ることができます。
　また、決算書である B/S、P/L、C/S はそれぞれに関連し合っているので、単独で見るよりも一緒に見たほうが記載されている数字の本質を推し測ることができます。

　というのも、B/S、P/L の数字はある程度都合よく変動させることができるからです。しかし、ある一点を不自然によく見せようとすると他のところに歪みが生じます。P/L をよく見せようとすると、B/S に歪みが発生することがあるのです。そのいびつさを見抜くために 3 表を使って、期間比較をするわけです。

　例えば、実力以上に利益を大きく見せている場合、B/S では以下のような状態になっていることがあります。

当期の B/S の状態	効果
商品が妙に大きくなっている	割戻によって仕入原価が下がり、費用が下がる
売掛金・受取手形が妙に大きくなっている	後で返品されることを想定済みで、とりあえず売上を大きくする
減価償却の償却方法を定額法に切り替えている	初期の償却費を小さくすることで費用が下がる
引当金の計上額が抑えてある	繰入額（費用）を減少させている

　前期の決算書と見比べ、数字に大きな変化があれば「なぜだろう？」と疑問を抱いてみるとよいでしょう。

　本項では「こんなこともあるんですよ」程度に触れましたが、見るべきポイントはいろいろあります。ご自身で学習してみてください。

04 決算書の指標

> 割り算や比較で実力を測る

÷

> ここでは会社の健全性やその実力を推し測るのに役立つ指標を見てみましょう

> 指標？

> 多くの場合、ある数字を他の数字で除したものが指標として用いられます。

$$指標 = X \div Y$$

> 「割り算」はとても便利です

> 例えば、規模の異なるA社とB社の実力を比較する際、割り算はその力を存分に発揮します。

> 売上高が前年度に比べてA社は10億円アップ、B社は8億円アップと言われたら「A社のほうが頑張ったのか」と思ってしまいそうですが、
>
> その伸びの度合いを測るためにはそのままの数字ではなく基礎となる数字で除したものを比較したほうが確かです。

	前年度	当年度	伸び率	
A社	200	210	5%	(=10/200)
B社	100	108	8%	(=8/100)

＊B社のほうが成長がよい

> このように比率を算出することで大小比較が明確に行えます

> さて、見るべき指標はたくさんあるのですが、ここでは代表的なものだけを挙げます

1) 流動比率（りゅうどうひりつ）
　　…短期的な安全性

2) 総資産利益率（そうしさんりえきりつ）
　　…資産の活用度合い

> ここから説明が多くなりますが、少しだけお付き合いください

1) **流動比率**は短期的な会社の安全性を測る指標です。

つまり、資金不足による倒産の可能性を示唆する数字で、以下の計算式により算出されます。

$$流動比率 = 流動資産 \div 流動負債$$

とりあえず120%以上が目安です。

貸借対照表（B/S）

資産の部	負債の部
流動資産	流動負債
固定資産	固定負債
繰延資産	純資産の部
	株主資本

流動負債は短期的(1年以内)に支払うべき借金を表します。
＊引当金や前受収益などは借金ではありません

そして流動資産は短期的に現金化される資産を意味します。

流動負債よりも流動資産のほうが多ければ支払いの心配は少ないと言えるわけです

安心

$$流動資産 > 流動負債$$

とは言え、小売や鉄道など現金収入が日々発生する業種であれば流動比率が100%を下回っていても資金不足の心配はない場合もあります。

逆に120%を超えていても安心できない業種もあります。

業種によるところが大きいですが

いずれにせよ低すぎるのは要注意です

---

2) **総資産利益率**は
(ROA：Return On Assets)
資産をいかに効率よく使って利益をあげたかを示す指標で計算式は以下の通りです。

$$総資産利益率 = 利益 \div 資産$$

＊利益は営業利益、経常利益、純利益のいずれでも問題ありません

P/L

売上総利益
営業利益
経常利益
純利益

B/S

資産	負債
	純資産

ROAが上がれば資産効率が向上したことを意味し、逆に下がれば悪くなったと言えます。

ROAは経常利益なら大体数％〜十数％の範囲です。

順調に成長している会社であれば利益は増加し、資産も増加します。

しかし、資産の増加の度合いが利益のそれを上回るとROAは低下します。

……？

資産が大きく増加して利益もそれなりに増加・・・？

なんだか似たような話が5章の2でありましたよね

そう
仕入の量を増やせば見かけ上の利益を増やすことができます

しかし、その分資産が増加してしまい資産効率が悪くなります

こんなに買ってどうするの？

	前期	当期
経常利益	50	60
資産合計	1,000	1,500
ROA	5%	4%

このように利益は増えているのにROAが下がっているような場合、その**利益の質**は怪しいと言えます。

ROAは資産効率を示すとともに利益の質を示す指針にもなります。

会社の実力を知る数字はここで挙げた2つの指標以外にもあります

会計発生高
売上高利益率
PER
PBR
…
…

決算書に書かれている数字をそのまま鵜呑みにすることはできません。

そこから本当の実力を推し量るために指標を使ったり比較したりするわけです。

実際の決算書を読んでみると面白いですよ

ポイントを押さえながら決算書を見比べてみよう

　決算書を同業他社間で比較するときに役立つのが割り算です。比率を用いることで規模が異なる会社の数字を比べられます。例えば、営業利益、経常利益を売上高で除した売上高利益率はよく用いられる指標です。

　さて、会社の安全性を示す指標として以下のものが挙げられます。下へ行くほど、より短期的な安全性を示します。数値は大体のものです。

指標名	算式	望ましい数値
流動比率	流動資産÷流動負債	120％以上
当座比率	（流動資産－棚卸資産）÷流動負債	100％以上
手元流動性比率	（現金及び現金同等物＋すぐに売れる有価証券）÷1か月の売上高	1～1.5

　流動資産には商品などの棚卸資産が含まれます。これは販売することで現金化できるため、即座に現金として使えません。ですから流動資産から棚卸資産を控除したもの（当座資産）を流動負債で除した当座比率は、流動比率よりも短期的な観点での指標となります。さらに短期的なものに手元流動性（即座に現金として使えるもの）を月商で除した比率があります。せめて月の売上高くらいの現金を持っていないと心配だという指標です。

　ROA（総資産利益率）と似た指標にROE（Return On Equity）があります。これは自己資本利益率と呼ばれ「純利益÷純資産」で算出されます。ROAが（負債＋純資産）で除するのに対し、ROEは純資産で除します。ROEは株主からの出資に対してどれだけ利益を上げたかに着目しています。調達した資金を使って効率よく利益を出しているかを知るためにはROEよりもROAを重視するほうがよいでしょう。

　決算書の読み方を学んで、あなたが好きな会社の決算書をライバル会社のものと見比べてみると面白いですよ。

おわりに

「おかげで簿記検定に受かりました」

　こんなご報告を受けることがあります。
　私のホームページに掲載している初心者向け簿記講座を閲覧された方からのコメントです。

　このホームページは、もともと私自身の勉強の備忘録として書きはじめたものです。それが見知らぬ人の役に立っている。勉強がうまくいった、そんなご報告をいただくと自分のことのように嬉しくなります。満ち足りた気分になり、これが本書の執筆をはじめる動機となりました。

　報告をしてくれた人たちの勉強が上手くいったのは、99.9％ご本人の努力の賜物です。

自分を成長させることができるのは自分だけです。

　ですが、私の知識や経験がこの方たちの努力をよい方向へ傾けるキッカケくらいにはなったのかな、と思います。
　何かの縁でこの本を手に取られたあなたにとっても、本書が簿記学習の一助になれたのならこれ以上の喜びはありません。

2012年6月　　　東山　穣

東山　穰（ひがしやま　ゆたか）

1981年生まれ。神戸大学農学部卒業。学生時代に『金持ち父さん』シリーズに感銘を受け、お金に興味を持つ。株式投資に役立つと考え、決算書を読むために簿記の勉強をはじめる。まったくの初心者から10週間で日商簿記検定2級に合格。その後、1級に合格。現在、とある製造業の経理。主な担当は原価計算、それに伴うデータベースの開発。

とある会社の経理さんが教える
楽しくわかる！　簿記入門

2012年 8月 1日　初 版 発 行
2013年11月20日　第4刷発行

著　者　東山　穰　©Y.Higashiyama 2012
発行者　吉田啓二
発行所　株式会社 日本実業出版社　東京都文京区本郷3-2-12 〒113-0033
　　　　　　　　　　　　　　　　　大阪市北区西天満6-8-1 〒530-0047
　　　　編集部 ☎03-3814-5651
　　　　営業部 ☎03-3814-5161　振　替　00170-1-25349
　　　　　　　　　　　　　　　　http://www.njg.co.jp/

印 刷／厚 徳 社　　製 本／若林製本

この本の内容についてのお問合せは、書面かFAX (03-3818-2723) にてお願い致します。
落丁・乱丁本は、送料小社負担にて、お取り替え致します。

ISBN 978-4-534-04976-6　Printed in JAPAN

日本実業出版社の本

下記の価格は消費税(5%)を含む金額です。

新装版
世界一感動する会計の本です
【簿記・経理入門】

山田真哉
定価 1365円（税込）

「女子大生会計士の事件簿」のキャラクターによって語られる「たまごの国の物語」を楽しみながら、簿記・経理の基本が学べます。専門用語なしの解説で、本質を直感的に理解できます。

はじめての人もキチンとできる
経理のおしごと手帖

小泉禎久
定価 1365円（税込）

はじめて経理を担当する人のために、その仕事を紹介。1日、1か月、1年のサイクルに沿った解説で、即仕事に役立ちます。初心者がつまずきやすい仕訳や、知らないと困る経理のルールも紹介。

世界一シンプルでわかりやすい
決算書と会社数字の読み方

神田知宜
定価 1365円（税込）

「まず！　これだけは知っておいてほしい」ザックリとした決算書の読み方を教えます。語り口調のセミナー形式とイラスト図解で、とにかく大事なポイントを解説。確実に身につく1冊です。

知らないと損する
お金のルールとマナー

中村芳子
定価 1260円（税込）

お金は一生ついてまわる問題。きちんと身につけておきたい、いまさら人に聞けないお金の基礎知識から、税金のこと、お金の上手な管理のしかたまで解説。オールカラーのイラスト仕立て！

定価変更の場合はご了承ください。